大人女子のカラダにライザップ

RIZAP監修

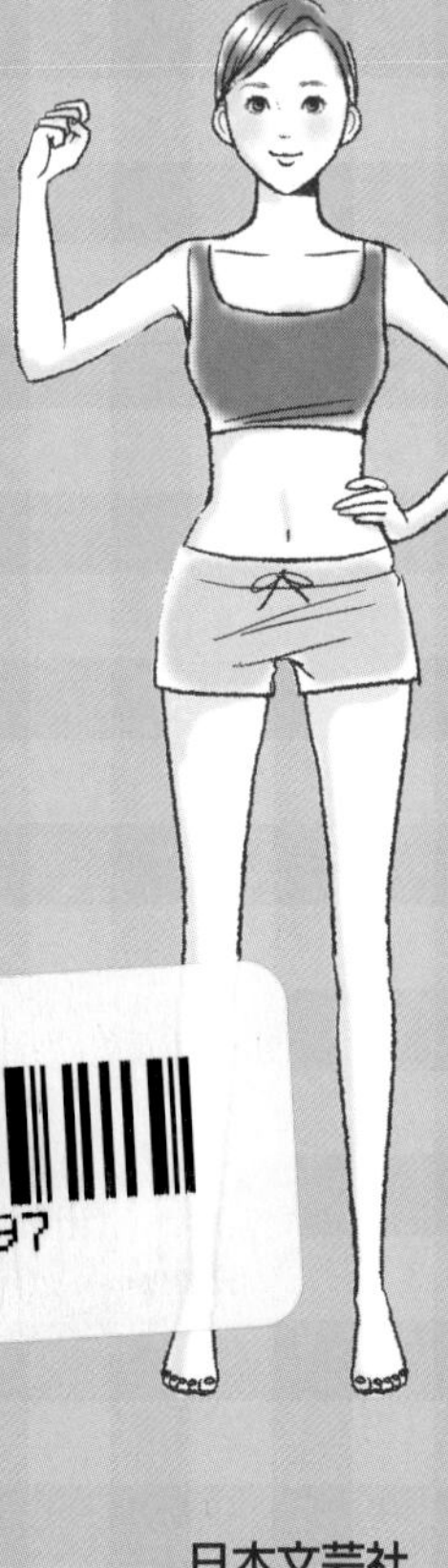

日本文芸社

キレイと健康を一緒に手に入れる！

いつまでもキレイで健康でいたいと、女性ならばだれでも思うものです。
しかし、年を重ねるにつれ体形や体調にはどんどん変化が訪れて、
理想とはかけ離れてしまうこともあります。
本書は、「こんなはずではなかった！」
「今の自分が好きになれない」と後悔をしている方や、
近い未来に後悔をしたくないと思っている女性たちが
読んで一生モノのキレイと健康を手に入れるための本です。

ダイエット一つとってもたくさんの情報が行き交う現代、
いろいろなダイエット法を試してはリバウンドの日々を送ってきた方も
多いのではないでしょうか？
また、病院に行くほどではないけれど、いつも体のどこかに不調を感じていたり、
毎日の忙しさからストレスがたまり続けていたりする方もいるでしょう。

ライザップは、専門の教育を受けたトレーナーが、
「個人の目標や体質に合わせた運動」、「食べてやせる食事管理」、
「途中で挫折させないメンタルサポート」の3方向から取り組む独自のメソッドで、
これまで9・6万人以上の悩みに答え、理想のボディメイクの達成を実現してきました。

特に女性会員の方からは、**ボディメイクを達成しながら、**
それまでの体やメンタル面の不調が改善されたという喜びの声が多く届いています。

大切なのは、正しい知識と方法を知ること。
それが何よりも、無理なく、無駄なく、挫折することなく結果を導くということを、
ライザップはたくさんの人の実例から確信しています。
仕事、家事、育児などで忙しくても、ぜひ、できるところから取り入れてはじめてみてください。

10年後にきっと、この本に出会って良かったと思っていただけるはずです。

CONTENTS

第2章

今なら間に合う　10年後のキレイをつくる食生活レッスン

第3章 大人女子のマイナートラブルを ライザップ流に改善する

第4章 忙しい大人女子でも手軽にできるボディメイク

本書の使い方

キレイと健康をあきらめない大人女子のために、ライザップ流の体づくりの方法を4つの章で構成しています。1章からでも、気になる章や項目から拾い読みをするのも良いでしょう。自分に合うものを生活に取り入れてみませんか。

第1章

「健康的に食べてやせるために知っておきたいこと」では、健康で太りにくい体のしくみやダイエットのコツを紹介。

第2章

「今なら間に合う　10年後のキレイをつくる食生活レッスン」では、おすすめの食材や食べ方のコツ、簡単レシピを紹介。

第3章

「大人女子のマイナートラブルをライザップ流に改善する」では、体やメンタル面の不調を中心に、解決法を紹介。

第4章

「忙しい大人女子でも手軽にできるボディメイク」では、日常の合間に、簡単に短時間で行えるトレーニングを紹介。

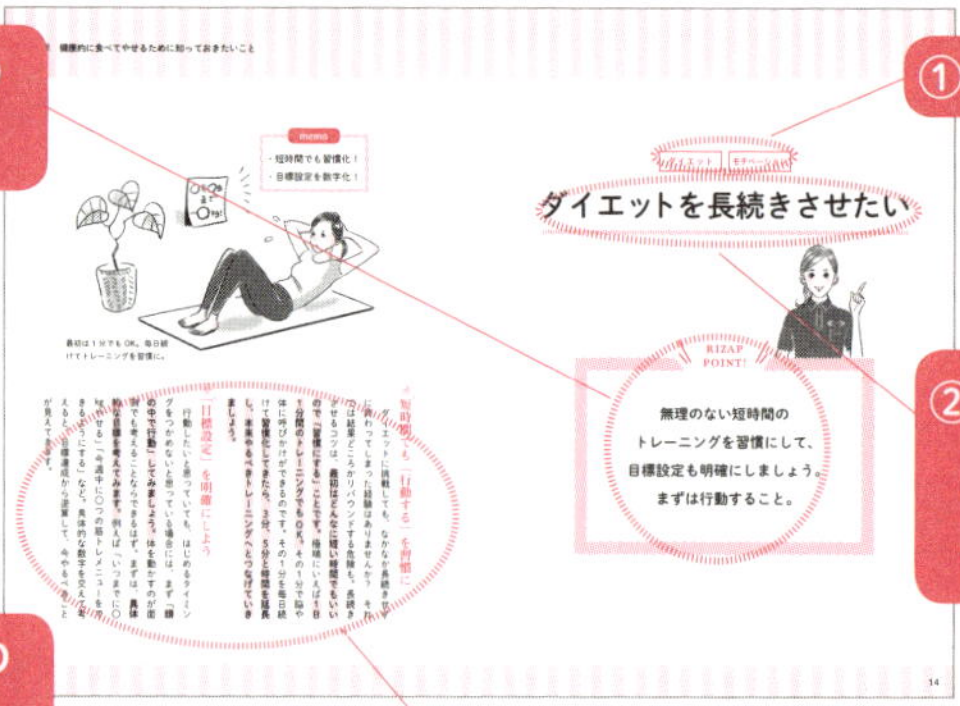

③ライザップ流の解決策

すぐに取り入れられる解決策です。

① 効果のカテゴリ

どんなことに効く内容なのかがわかります。

②悩みや不調、なりたい自分を表す言葉

自分に合ったテーマを見つけて読むことができます。

⑤ライザップ流のおすすめの理由

食材の栄養や効果を紹介。

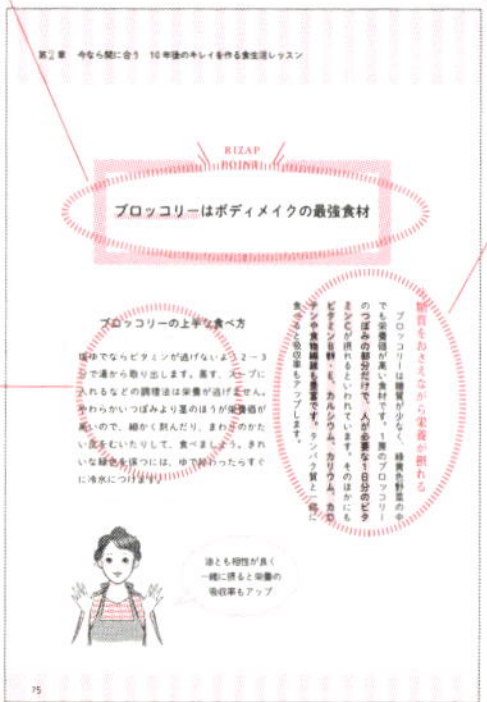

④本文の解説

原因や理由、解決法などを詳しく解説しています。

⑥使いこなすコツや豆知識

食材の選び方や使いきるコツ、豆知識を紹介。

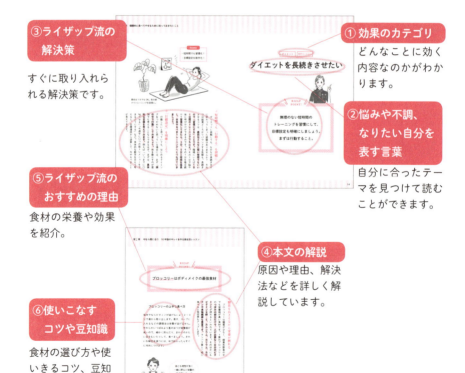

第1章

健康的に食べて やせるために 知っておきたいこと

年を重ねるとともに、体に脂肪が自然につきやすくなります。ダイエットするなら、無理なく健康的に行いたいもの。正しい知識を得て、改善すべき点を知りましょう。

ダイエット　体質改善

一生太りたくない！

RIZAP POINT!

年齢とともに基礎代謝と
筋肉量が低下します。
筋肉量をアップさせ、
基礎代謝量を上げることが
太らない体をつくります。

若いころと同じ量を食べていたら太る一方ってこと？

筋肉を増やして基礎代謝を上げることで、太りにくい体を実現。

基礎代謝は40歳を過ぎると急激に低下

基礎代謝とは、呼吸や心臓を動かす、体温を保つなど、生命を維持するために最低限必要なエネルギー量のこと。つまり、何もせずに1日ぼーっと過ごすだけでも消費するエネルギー量のことをいいます。この基礎代謝には、年齢や性別、体格などによって個人差がありますが、一般的に16～18歳前後まで高くなり、その後はゆっくりと下がり続け、40歳を過ぎると急激に落ちていきます。

基礎代謝が落ちているにも関わらず、それまでと同じような食生活を送っていると、消費できなかったカロリーがどんどん蓄積され、太りやすくなるのです。

筋肉量を増やすことで太りにくくなる

年齢とともに基礎代謝量が低下するのは、筋肉が衰え、筋肉量が減ることも大きな要因。筋肉は基礎代謝の約40％を消費するといわれているので、筋肉が減ればそれだけ基礎代謝も低下します。意識して運動を取り入れ、**筋肉量を増やすことで基礎代謝が上がり、太りにくい体になります。**

ダイエット　糖質コントロール

“やつれて見えない”スリムで健康な体がほしい

RIZAP POINT!

低糖質＆高タンパク質食と
筋トレを並行して行えば、
スリムで健康な体が
手に入ります！

被験者が実際に摂った食事（上）と行ったトレーニングの一例（下）

＼ 最新研究で効果を実感 ／

低糖質の食事療法は、本当に健康に影響がなく、効果が期待できるものなのでしょうか？ライザップと東京大学の理学系研究科生物科学専攻 黒田研究室によって、低糖質食事法とレジスタンス運動（トレーニング）に対する健康への影響や代謝変動を解析した研究発表がされました。5名の被験者にライザップで実施している短期間（2か月間）の低糖質食事法と筋肉トレーニングを実践してもらった結果、体重あたりの筋肉量は増え、体脂肪が減ったという結果が出たそうです。また、今回計測した血中代謝物とホルモン濃度は、すべて正常範囲内での変化でした。

健康と理想のボディを手に入れる

40代頃になってくると、ただ脂肪を落とすだけのやせ方では、体力もなくなり、肌つやもなくなってかえって老けて見えてしまう心配があります。そうならないためには、**「低糖質&高タンパク質食」と「筋肉トレーニング」を並行して行うことがおすすめです。低糖質の食事は体や頭をスッキリさせ、体調を良くする効果もあります。**気力も肌の張りも出て、若々しく見えるようにも。またタンパク質を中心に3食しっかり食べることで、空腹を我慢することもなく、ストレスがたまりません。**さらに筋肉トレーニングで、筋肉量が増えれば基礎代謝の高い体、つまり、脂肪が燃焼しやすい体になり、スリムな体を一生キープできるわけです。**

継続することが大切

年齢を重ねても、スリムで健康な体を手放さないためには、無理のない食事管理と筋肉トレーニングを継続することが大切です。家族を巻き込んで習慣化するのもいいでしょう。

ダイエット　モチベーション

ダイエットを長続きさせたい

RIZAP POINT!

無理のない短時間の
トレーニングを習慣にして、
目標設定も明確にしましょう。
まずは行動すること。

memo

・短時間でも習慣化！
・目標設定を数字化！

最初は１分でもOK。毎日続けてトレーニングを習慣に。

短時間でも「行動する」を習慣に

ダイエットに挑戦しても、なかなか長続きせずに終わってしまった経験はありませんか？ それでは結果どころかリバウンドする危険も。長続きさせるコツは、**最初はどんなに短い時間でもいいので「習慣にする」ことです。**極端にいえば**1日1分間のトレーニングでもOK。**その1分で脳や体に呼びかけができるのです。その1分を毎日続けて**習慣化してきたら、3分、5分と時間を延長し、本来やるべきトレーニングへとつなげていきましょう。**

「目標設定」を明確にしよう

行動したいと思っていても、はじめるタイミングをつかめないと思っている場合には、まず**「頭の中で行動」してみましょう。**体を動かすのが面倒でも考えることならできるはず。まずは、**具体的な目標を考えてみます。**例えば「いつまでに○kgやせる」「今週中に○つの筋トレメニューをできるようにする」など。具体的な数字を交えて考えると、目標達成から逆算して、今やるべきことが見えてきます。

ダイエット　ボディメイク

私の敵は内臓脂肪？皮下脂肪？

RIZAP POINT!

おなかの脂肪は
どちらのタイプかを知ることで、
今、するべきことが
わかってきます！

内臓脂肪のチェック方法

おなかがポッコリしている割に、肉がつかみづらい場合は内臓脂肪がついている可能性が。

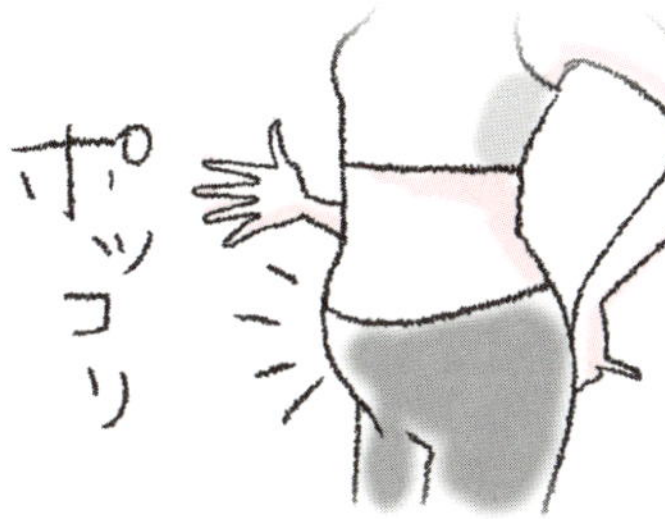

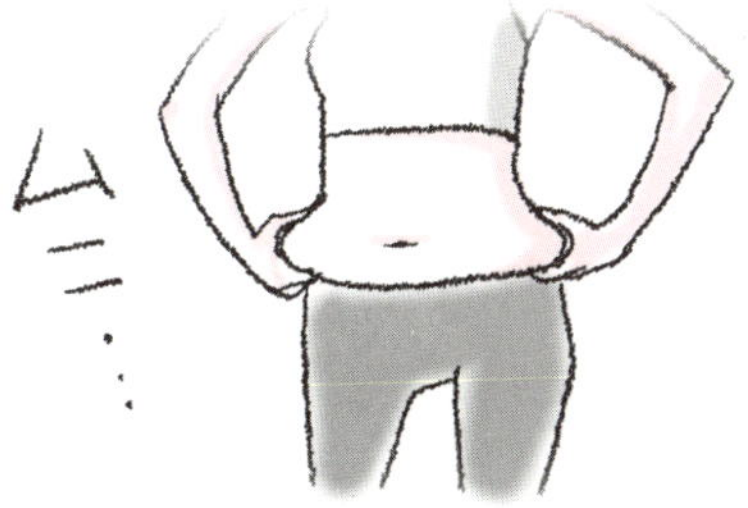

皮下脂肪のチェック方法

腕や太ももに比べて、明らかにおなかのお肉だけがつかみやすい場合、皮下脂肪の可能性が。

内臓脂肪は肺や肝臓など内臓の周りにつく脂肪

体脂肪には内臓脂肪と皮下脂肪があり、どちらも余分なカロリーが体に蓄積されたものです。**内臓脂肪とは、肺や肝臓などの内臓、つまり体の内側についてしまった脂肪**です。手足は細いのに、おなかだけがポッコリ出ている、という方は内臓脂肪が蓄積しているケースが多く見られます。要注意なのは、内臓脂肪が多くなり過ぎる場合。糖尿病や高血圧症、高脂血症などの生活習慣病や動脈硬化など、病気へ直結するリスクが高くなっていることが考えられます。

皮下脂肪は皮ふの下、筋肉の上に蓄えられる脂肪

皮下脂肪は皮ふの近いところに蓄積される脂肪で、ボディラインに影響が出やすく、「太っている」「たるんでいる」のが目に見えてわかりやすいのが特徴です。女性は下半身につきやすく、落ちにくいのが、この皮下脂肪。病気のリスクはあまりありませんが、引き締まった体をつくるためには、皮下脂肪を落とすことが大切になります。

ダイエット　ボディメイク

適正な体脂肪率を知りたい

RIZAP
POINT!

美容と健康のために
気にすべきは体脂肪率です。
日本人女性の理想の体脂肪率は
20 ～ 25%！

BMI指数…体重と身長から肥満度を割り出したもの

身長から見た体重の割合（肥満度）がわかります。自分の体重が標準なのか、肥満気味なのかの目安がわかります。

<計算式> BMI指数＝体重（kg）÷身長（m）÷身長（m）

■モデル体型なら18.5
■22が平均で25以上が肥満

体脂肪率…体重に占める体脂肪の割合を表すもの

体脂肪率は家庭の体脂肪計でも測ることができます。

<計算式> 体脂肪率（%）＝体脂肪の重さ（kg）÷体重（kg）× 100

■女性の理想の体脂肪率　20～25%

体重よりも体脂肪率が重要

「太った」「やせた」が簡単にわかりやすいのは体重やBMI指数ですが、それよりも**女性の美や健康をリアルに表すのが体脂肪率です。**体脂肪率とは、体重の中の体脂肪の割合のことです。

なぜ大事かというと、一見やせて見えても（BMI指数が25未満でも）、内臓脂肪がついていて体脂肪率が高い場合があるからです。この状態を「かくれ肥満」と呼んでいます。**かくれ肥満は、生活習慣病になりやすいリスクをかかえています。**体重だけではわからないため、**本当に気にしたいのは体脂肪率なのです。**

女性の理想の体脂肪率は20～25％

体脂肪率は体脂肪の重さがわからないと計算できません。ただ、多少の誤差はでますが、家庭用の体脂肪計を使えば測ることができます。**女性の理想の体脂肪率は20～25％で、この範囲なら生活習慣病にもなりにくいとされています。**自分の体脂肪率を知り、目標とする体脂肪率を目指すのもダイエットを頑張れるコツです。

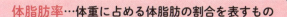

ダイエット　食事

生活習慣病にはなりたくない！

RIZAP POINT!

食生活の改善で
内臓脂肪を減らすことが、
生活習慣病の予防に
つながります！

memo

- 脂質の多いものをひかえる
- 休肝日をつくる
- 基礎代謝を上げる

飲む量や食べる量、食べるものを見直し、食生活の改善を。

食生活を見直して内臓脂肪を減らす

生活習慣病を予防するには内臓脂肪を落とすことが大切です。そのためには**食生活を改善しましょう。**脂質の多い惣菜やジャンクフードを多く食べていると、内臓脂肪がつきやすくなるので要注意。**食べる量や購入回数を減らしたり、脂を流すようなお茶を飲むのがおすすめです。**

またお酒が好きで毎日飲む人も注意。**飲む量を減らし、休肝日をつくるようにしましょう。**お酒が進むと、おつまみに脂質の多いものを食べたくなることもありますが、それもひかえて。飲みに行った帰りの、締めのラーメンなども厳禁です。

内臓に脂肪を蓄積させない体づくりを

食生活の見直しとともに行いたいのが、内臓に脂肪がつきにくい体にすることです。内臓脂肪は基礎代謝の低下で、消費できない余分なカロリーが内臓に蓄積されて増えていきます。そこで効果的なのが、**筋トレを行い筋肉の衰えを補って基礎代謝を上げておくことなのです。**

ダイエット　トレーニング

いくつになっても
ボディラインを維持したい

RIZAP
POINT!

筋肉トレーニングと有酸素運動で
脂肪を燃やし、
皮下脂肪を減らすことで
ボディラインがキープできます。

memo

・筋肉をつける
・有酸素運動をする

普段はバスを使ってしまうけど、
今日は帰り道も歩いてみようっと！
持てる分だけ
お買いもの

普段の生活に歩く、階段を上るなどの運動を取り入れて。

退化した筋肉と皮下脂肪がラインを崩す

体重はかわらないのに体形がかわってしまった、という話をよく聞きます。筋肉が落ち、張りがなくなり、垂れ下がってきてしまったためです。筋肉は年齢とともに低下するうえに、車中心の生活や階段を使わない生活を送っていると、どんどん退化してしまいます。

退化した筋肉の上にさらに皮下脂肪がついてしまうと、たるんで見えるようになるのです。

筋トレに有酸素運動も取り入れて

皮下脂肪は余分なエネルギーをため込んだものなので、食事コントロールだけでは減らすことができません。**筋肉トレーニングに加え、有酸素運動も必要になります。**筋肉をつけて代謝をアップさせた上で、脂肪を燃焼させるために有酸素運動を取り入れるのが効果的。時間がどうしても取れないときは、普段からできるだけ動くように心がけます。**車を使わずに、歩きや自転車で少し遠いスーパーに買いものに行ったり、駅などではエスカレーターを使わずに、階段を使ったりしましょう。**

ダイエット　糖質コントロール

ダイエットの繰り返しに終止符を打ちたい

RIZAP POINT!

ただやせるだけじゃない！
正しいダイエット法を身につけて
やせ体質にかえれば、
リバウンドもしにくくなります。

同じ体重でも１日の基礎代謝量が違うと…

基礎代謝量 1600kcal	−	基礎代謝量 1400kcal	＝	１日の基礎代謝量の差 200kcal
体重 60kg 筋肉量：多		体重 60kg 筋肉量：少		↓ １年（365日）の差は 73,000kcal

脂質に換算※すると 8kgの差！

※脂質
1g=9kcal で計算

ライザップなら基礎代謝を UP させ、リバウンドしない体に！

ライザップでは、トレーニングと食事管理を同時に行い、太りにくい体と生活習慣を身につけていくため、リバウンドがとても少ないのが特徴です。トレーニング終了後のリバウンドの不安を減らす、「ボディマネジメントプログラム」というプログラムもあります。努力して手に入れた「人生最高のカラダ」を維持するため、専属トレーナーが定期的にカウンセリングし、ライフスタイルに合わせた日々の運動のアドバイスや、リバウンドしにくい食習慣を継続的にサポートしています。

リバウンドを防ぐために必要なこと

ダイエット成功後にリバウンドをしないようにするには、**ダイエット後も食事内容を選択し、量をコントロールすること、適度な運動の継続が大切です。**ダイエット後に暴飲暴食をすれば当然リバウンドしてしまいます。**どのような食事と運動なら体重と体型の維持ができるかを知り、そのための習慣を身につけていくことで、太りにくい体質になります。**

減量しながら基礎代謝を上げて太りにくい体質に

太りにくい体質とは、基礎代謝量が高く脂肪が燃焼しやすい体のこと。**同じ体重でも基礎代謝量が違えば、必要なカロリーも大きく変わります。**例えば、同じ体重の人が同じ量の食事を摂った場合、基礎代謝量が低い人のほうが、体内でエネルギーが余りやすく、蓄積されて太ってしまいます（上図）。

食習慣と体質をしっかり改善して、つらいダイエットの繰り返しに終止符を打ちましょう。

トレーニング　モチベーション

筋肉を鍛えるのは 40代以降でも大丈夫？

RIZAP POINT!

何歳からでも

筋力はアップします！

筋肉は、鍛えたいときが

鍛えどきなのです。

memo

- 筋トレに年齢制限はない
- 楽しみながら続けるのが理想

いくつになってもトレーニングで筋力はつく！

50代、60代になっても
トレーニングで筋肉維持を。

筋肉は何歳からでも鍛えられます

筋肉は、トレーニングで鍛えれば、筋力を維持することも、筋肉量を増やすこともできます。**年齢は関係ありません。40代でも50代でも大丈夫。鍛えたいと思ったときが鍛えどきです。**むしろ、いつまでも筋力をキープし、年齢とともに落ちてくる基礎代謝をアップさせるために、**40代からの筋肉トレーニングは、必要不可欠なのです。**

趣味感覚で毎日続けるのが効果的

ダイエットとして始めた筋肉トレーニングだったとしても、筋力や筋肉を落とさないために、ダイエット成功後も続けるのが理想です。**趣味感覚で楽しみながら、隙間時間などに毎日続けるようにしましょう。**負担にならないことが大切です。

女性の平均寿命が約87歳といわれる今、40代の方であれば、やっと折り返し地点。この先を考えると、筋力を低下させている場合ではありません！　**ぜひ今日から筋肉トレーニングをはじめましょう。**

ダイエット　食事

血行が悪くて、やせにくい

RIZAP POINT!

やせやすい体は
血行が良くて代謝がいい体。
内臓機能を活発にさせ、
血のめぐりを良くしましょう。

memo

・体を温める食材を摂る
・タンパク質を摂る
・冷たい飲みものをひかえる

鶏肉で冷え予防
ショウガ
ポカポカ
常温の水や白湯を飲んで代謝UP!

冷えを改善し、めぐりのいい体にするとやせやすい体質に。

血行を良くしてやせ体質に

　血行が悪いということは、血液やリンパの流れが悪く、水分や老廃物が滞っていることが考えられます。また、体の末端までうまく血液が循環していないので、冷え性になっていることもあります。確かに、この状態ではやせにくい体といえます。

　改善方法は基礎代謝を上げること。そうすると内蔵機能が活発になり、血行が良くなります。**基礎代謝は常に行われる消費活動のこと。基礎代謝を上げて、血行のいい状態を常に保つことができれば、やせやすい体質にもなります。**

冷えを予防する食材を摂り入れて

　冷えを予防する食材を積極的に摂ることもおすすめです。ショウガやトウガラシ、鶏肉などは体を温める食材なので、意識して摂り入れてください。また**冷たい飲みものをひかえるのも大切です。**水は常温か、白湯にして飲むようにしましょう。また、**タンパク質を摂ることは、筋肉量を増やすことにつながるので、基礎代謝アップにも効果的です。**

冷え性やむくみに最適なのは実は白《さ》湯《ゆ》！

白湯を飲む習慣はありますか？　実は白湯は冷え性やむくみには最適な飲みものです。その理由を紹介していきましょう。

1 白湯がいい理由

お茶と白湯を比べると、なんとなくお茶を飲んだほうが体にいい気がしますが、実はその反対。緑茶は体を冷やす効果があるので、冷え性の人はひかえたほうが◎。ウーロン茶は体を温めるといわれていますが、ウーロン茶をはじめ、すべてのお茶にはポリフェノールなど、さまざまな成分が入っているため、飲むとそれを消化するために内臓が活発になり、体に負担がかかる場合も……。その点、白湯は胃の中に入っても何の負担もなく、内臓の血行を良くしてくれるだけ！　そこが白湯のいいところなのです。

2 白湯を飲むと起こる体に良い連鎖

白湯を飲んで内臓が温められると、胃腸の調子が良くなります。食べものの消化吸収も良くなり、利尿作用や便秘改善にも効果的。さらに血行が良くなるので、むくみも改善、基礎代謝もアップし、内臓温度も上がりやすくなります。これによって冷えも改善していくでしょう。冷えが改善されてくると、冷えによって引き起こされていた生理痛や肩こりも良くなることが期待できます。

3 白湯を飲む ベストな タイミング

白湯を飲むのは朝、夜、食事中がおすすめです。朝は内臓を目覚めさせ、夜は体を温めて快眠へいざない、食事中は消化吸収を助けてくれます。ただ、いくら良いとはいえども飲み過ぎには注意しましょう。1 日 800ml が目安です。飲むときも、ゆっくりと、体に流し込むように飲みましょう。

4 白湯のつくり方

1．　ヤカンや鍋に､水（水道水でもミネラルウォーターでも可）を入れ沸騰させる。
2.　沸騰したら中火にして、ふたを開けたまま 15 分火にかけ 続ける。
3.　50 ～ 60 度に冷まして飲む。

※マグカップの水を電子レンジで最大 3 分加熱する方法でも OK。ただやけどには十分注意を。この場合も 50 度程度に冷ましてから飲みましょう。

朝、夜、食事中の白湯を習慣にするのがおすすめ。

ダイエット　食事

食べてやせたい！

RIZAP POINT!

1日に必要な
適切なエネルギー量を摂りながら、
糖質量をおさえることで
やせられます。

体に最低限必要なエネルギー量って？

基礎代謝量を求める

基礎代謝量の求め方（ハリス・ベネディクト方程式）

女性665＋（体重kg×9.6）
＋（身長cm×1.7）－（年齢×7.0）

推定消費カロリーを求める

推定消費カロリー＝基礎代謝量×身体活動レベル

※身体活動レベルは以下の数値を参考にしてください。
低い（1.5）、普通（1.75）、高い（2.0）

推定消費カロリー ＞ **ダイエット目標に合わせた摂取カロリー** ＞ **基礎代謝量**

必要最低限のエネルギー量を下回ると、太りやすい体質に

糖質量をひかえ、1日に適切なエネルギー量を、3食に分けてバランス良く食べていれば、太るということはありません。

逆に朝食抜きや、過剰な食事コントロール、偏った食生活で、基礎代謝量を下回ってしまうと危険です。体は一種の飢餓状態になり筋肉量も減り、ますます基礎代謝量も低下するため、かえって太りやすい体になってしまうのです。

目標に合わせた摂取カロリーを設定

ダイエット中の1日に必要な適切な摂取カロリーは、性別や年齢、身体活動レベルによってかわります。まず基礎代謝量を確認し、推定消費カロリーを求め、推定消費カロリー以下で基礎代謝量を上回る範囲で、目標に合わせた摂取カロリーを設定します。

食事内容のポイントは**糖質量をおさえて、筋肉をつくるタンパク質をきちんと摂ること。「健康的に食べてやせる」を実現します。**

ダイエット　糖質コントロール

低糖質食の効果を知りたい

RIZAP POINT!

太る原因は糖質です。
低糖質食を続けることで、
脂肪が燃えやすい体を
つくります。

糖質とエネルギーの関係

糖質を摂る
←ブドウ糖に分解
←体を動かすエネルギーに
←余った分は肝臓、筋肉に貯蔵
←余り過ぎると脂肪に

各食品の糖質量の目安

ごはん	茶碗約１杯	55g
食パン	６枚切り１枚	26.8g
サツマイモ	１個	52.5g
ジャガイモ	１個	19.6g
ニンジン	2/3本	6.5g

バナナ	１本	21.4g
あさりの佃煮	50g	15g
ショートケーキ	１個	26.9g
クッキー	１枚	6.3g
日本酒	１合	8.1g

糖質ってなに？

糖質はタンパク質、脂質と並ぶ栄養素の一つで、体内に入るとブドウ糖に分解され、体を動かすエネルギーとなります。使われなかった分はグリコーゲンにかわり、肝臓、筋肉に貯蔵され、余り過ぎると体脂肪となり蓄積されます。それが肥満の原因になります。エネルギーとなる糖質の摂取量を減らしても大丈夫なの？　と思いますが、実はここがポイントで、**糖質のかわりにタンパク質をしっかり摂ります。**タンパク質には蓄積されている脂肪からブドウ糖（エネルギー）をつくり出す「糖新生」（p.51）という機能があるため、糖が不足してもエネルギー不足にはなりません。**むしろ糖質をカットして体内のブドウ糖を不足させることで、体内の脂肪がどんどん使われ、しっかり食べても太らない体質になっていきます。**

糖質の摂取量の目安は50ｇ程度

本格的なダイエットなら、糖質量の目安は50ｇ程度です。ただし、進め方（p.37）は、今までの食生活や自分の気持ちと相談し調整を。目標体重達成後の糖質量は、130ｇ程度が目安です。

ダイエット　糖質コントロール

低糖質食の進め方を知りたい

RIZAP POINT!

ダイエットをしっかり進めるなら
3食主食（炭水化物）抜きで、
ゆるやかに進めるなら
1食主食（炭水化物）抜きから
スタートしましょう。

低糖質の食事パターン

×＝主食なし

	朝食	昼食	夕食
ゆるめに進めたい人	ふつうの主食	ふつうの主食	×
ややゆるめに進めたい人	×	ふつうの主食	×
ストイックに進めたい人 （糖質量の目安は1日50g程度に）	×	×	×

ストレスを感じない進め方で

主食や芋類に多く含まれる糖質ですが（p.35）、肉、魚、野菜などにも含まれているため、**おかずを食べていれば、1日に摂取する糖質がゼロになることはありません。**その中で、しっかりダイエットを進めたいという場合には「主食の炭水化物を3食とも抜く」ことです。これで、かなり糖質がカットできます。いきなり主食を完全に抜くのは、すごくストレスになる！　という場合は、「1日1食だけ主食抜き」にしてゆるやかに慣らしていくのもいいでしょう。**主食を抜いた分、おかずのタンパク質はしっかり摂って、満足感を得るようにするのもポイントです。**

今までの食生活パターンも考えて

普段の食生活のパターンをいきなりかえるのは難しい場合もあります。例えば、飲み会では**アルコールを糖質フリータイプに、おつまみでタンパク質を摂取し、主食はなし**にしたり、外食が多めの人は**野菜＋タンパク質のメニューを選び、主食を摂り過ぎた場合は、翌朝の主食をカット**するなど工夫してみましょう。

糖質コントロール　食事

低糖質食の献立がわからない

RIZAP POINT!

タンパク質、野菜、海そうを
組み合わせると、
バランスの良い
献立になります。

摂取品目の目安と1日のボリューム

①肉・魚

②野菜類

③卵・大豆・豆製品

④海そう類

＼この食材の組み合わせで献立を考えましょう／

朝…①＋②＋③

昼…①＋②＋③＋④

夕…①＋②

主食がなくても満足感のある食事を

低糖質食では基本的に主食であるごはん、パン、麺類はひかえめに。それでも満足感があるバランスがいい献立を考えることがポイントです。**食材を①肉・魚　②野菜類　③卵、大豆・豆製品　④海そう類の4つのグループに分け、昼食が多め、夕食は少なめのボリュームで組み合わせて1日の献立を考えます。**

さしみや缶詰を使うと時短レシピになり、野菜や海そうの上にさしみや蒸し鶏などタンパク質の食材をのせ、塩やオリーブオイルをかけるだけでも立派な1品になります。

つくりおきのおかずなども利用すれば続けやすい

時間があるときに**つくりおきをしておくと、毎日少しずついろいろな料理を食べられて、栄養の偏りも少なくなります。**1食分だと余らせがちな食材も、つくりおきにしておけば、すべて使い切ることができて経済的。例えば、鶏ささみ肉も多めにゆでて、小分け冷凍しておくと、すぐに使えて便利です。

糖質コントロール　食事

朝食を抜いてしまいがち

RIZAP POINT!

続けていると太りやすい体に。
シンプル調理か調理ゼロで、
ストレスなく朝食を摂る
習慣をつけましょう。

おすすめの低糖質の朝食

食べるもののパターンを決めると、習慣になります。

野菜　サラダやゆでブロッコリーなど

＋

肉・魚　この中から1点

◎**鶏ハムや蒸した鶏ささみ肉**…つくりおきしておくと便利。蒸した鶏ささみ肉は 割いてサラダのトッピングなどに。

◎**焼き魚**…サケやアジの干ものなど。良質なタンパク質でビタミンも豊富。

◎**魚の水煮缶やツナ缶**…野菜やキノコ類と炒めものに。

＋

卵・大豆・豆製品など　この中から1点

◎**納豆**…発酵食品で腸にもいい。

◎**豆腐**…市販のスープに加えるのも◎。ボリュームや栄養もアップ。

◎**ゆで卵**…まとめて何個かつくっておけば調理ゼロで朝食に。

※ヨーグルトを加えても。ジャムや果物入りではなく無糖タイプを。

朝食は内臓の体内時計をリセットさせる

朝は体調がすぐれなかったり、家族や自分の準備で忙しかったりして、食事を抜いてしまうということもあるでしょう。しかし、**朝食は内臓の体内時計をスタート時点にリセットさせ、体のリズムを整えてくれるもの。1日元気に過ごすためにもとても大切です。**また、朝食を抜くと食事間隔が極端にあいてしまい、エネルギーを体内でつくるサイクルが乱れ、筋肉量が減少します。その結果、太りやすい体になっていきます。

元気な1日のスタートが切れるように、朝食は毎日摂るようにしていきましょう。

朝食はシンプル調理や調理ゼロでも

時間をかけなくても、シンプルな調理法や調理ゼロにして、低糖質食でタンパク質たっぷりの朝食は可能です。基本的に朝食は、野菜とタンパク質の2種類程度でOKです。鶏ハムや、焼きサケや干もの、イワシやサバの水煮缶、ツナ缶を使い、野菜やキノコ類と一緒に炒めたものを。調理ゼロで食べられる豆腐や納豆、ヨーグルトもおすすめです。

食事　モチベーション

ゴージャスランチがやめられない

RIZAP POINT!

昼のボリュームは
多くても OK ！
3 食のバランスは
昼食＞朝食＞夕食＞間食が理想。

おすすめのバランス

理想のバランス(a)

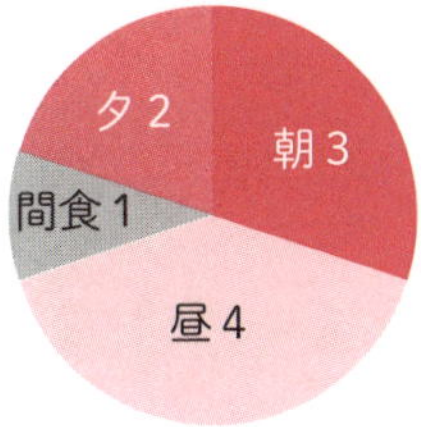

昼多めのバランス(b)

※間食を0.5、0.5にして午前と午後に入れるのもOK

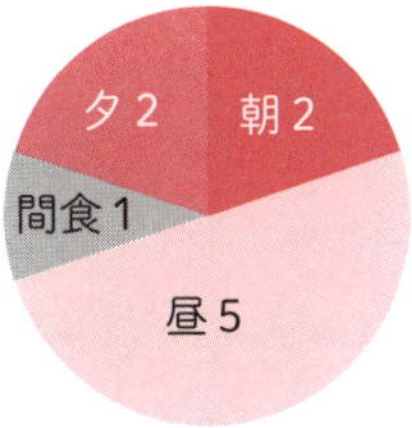

帳尻合わせのルール

間食を食べ過ぎてしまった！(c)

※夕食をひかえる。

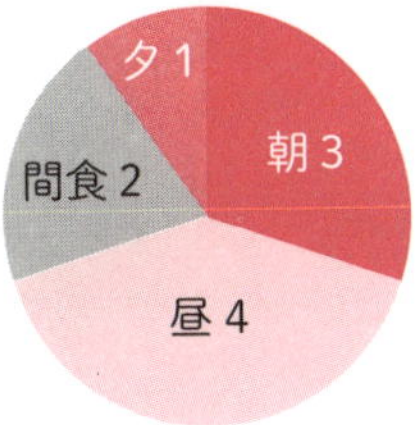

夜が外食！(d)

※朝と昼をひかえる。

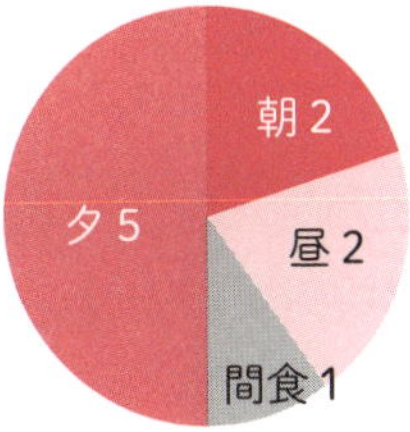

昼に一番ボリュームのある食事を

3食のなかで**一番ボリュームのある食事をしてもいいのは実は昼食。ゴージャスなランチは、食べ方としては間違っていません。**エネルギーは、仕事や家事などの活動量が多い時間帯に使われるため、日中に食事量を多くするのがベストです。一般に、夕食にボリュームを置きがちですが、夕食後の活動は寝るだけという場合が多いので、ひかえめにするほうがいいでしょう。昼にゴージャスランチを食べるときは、上記の(b)のように、朝食と夕食でバランスをとります。

自分のライフスタイルに合わせて調整を

3食のバランスは、ライフスタイルに合わせて調整しましょう。理想は1日の食事を10で考えると、(a)の朝食3、昼食4、間食1、夕食2、です。朝はそんなに食べる時間もないし、準備するのも大変という場合は、(b)のように昼にボリュームを置くなど調整もOK。また、夜に外食の予定がある日などは(d)のように朝、昼をひかえめにしたり、翌日の食事を全体的にひかえめにして、**3日以内に調整をしましょう。**

ダイエット　食事

おやつがやめられない！

RIZAP POINT!

おやつはやめないでOK！
むしろ、空腹状態をつくらないのが
ダイエット成功の秘訣。
ただし、糖質ひかえめを心がけて。

memo

- 小魚や茎わかめ、するめイカ
- ナッツ類
- チーズ、無糖のヨーグルト

ミネラルや食物繊維、ビタミンEを補うようにしましょう。乳酸菌もおすすめ。

空腹は基礎代謝低下の原因に

体が空腹状態に慣れてしまうと「省エネモード」に入るため、基礎代謝が落ちてしまうことにつながります。さらに空腹状態で食事をすると、血糖値が急上昇し、インスリンの分泌が増え、体内の脂肪を増やす原因をつくりだしてしまうのです。

大切なのは空腹状態の時間をつくらず「小腹がすいた」と感じたら賢い間食をすること。この「賢い」というのがポイントで、何を食べてもいいわけではなく**「何を食べるか」が重要なのです。**

間食は栄養補給の機会と考えて

間食は、1日3食の食事で不足しがちな栄養素を補う機会と考えましょう。具体的にはミネラルや食物繊維が豊富な小魚や茎わかめ、するめイカ、さらに脂質の吸収をおさえるビタミンEを含むナッツ類がおすすめです。

ナッツを選ぶときは素焼きの無塩タイプ、コーティングなしのものを選びましょう。腸内環境を整える乳酸菌が豊富なチーズや、無糖のヨーグルトなどもいいでしょう。

ダイエット　食事

食事量を減らしてもやせない

RIZAP POINT!

**食べ方に問題があるのかも。
自分の食事スタイルを
チェックして、
太る食べ方を改善しましょう。**

太りやすいNGな食事スタイル

- □ 1日の食事は3食ではなく1～2食
- □ 朝食を食べないことが多い
- □ 丼もの、麺類の食事が多い
- □ ダイエットのため、野菜ばかり食べている
- □ スイーツが食事代わり
- □ 平日の夜は毎日のように外食＆飲酒
- □ よく噛まず、食べるのが早い
- □ いつもおなかいっぱいに食べてしまう
- □ 食べものの好き嫌いがある

どれか一つでも当てはまったら改善を！

食事スタイルの見直しを

食べる量を減らしてもダイエットの効果が表れない場合は、**食事のしかたや食べているものを見直すことが必要です。**食事の回数が1～2回になっていないか、丼ものや麺類を食べることが多くないか、食べるスピードが速くないかなど、振り返ってみましょう。

前述のような食事の場合、摂取エネルギーが少なくてもタンパク質が不足し、筋肉量が落ちて基礎代謝が低下していることがあります。また食事の満足感が得られず、間食が多くなって効果が出ないのかもしれません。**上のチェックリストを使って自分の食生活を確認してみましょう。**

量だけでなく食べ方も意識して

改善すべきポイントが見つかったら実践しましょう。**3食規則正しい食事をする、甘いものをひかえてタンパク質をしっかり摂る、ゆっくり食べて腹八分目で満足感を得るなど、食事を自分でコントロールできる力を身に着けることが、太らない体質を手に入れる近道です。**

タンパク質　ボディメイク

タンパク質が大事な訳を教えて

RIZAP POINT!

タンパク質が体の多くを
構成しています。

「タンパク質＝太る」ではなく、

「タンパク質＝美ボディをつくる」

と覚えておきましょう！

タンパク質でできているもの

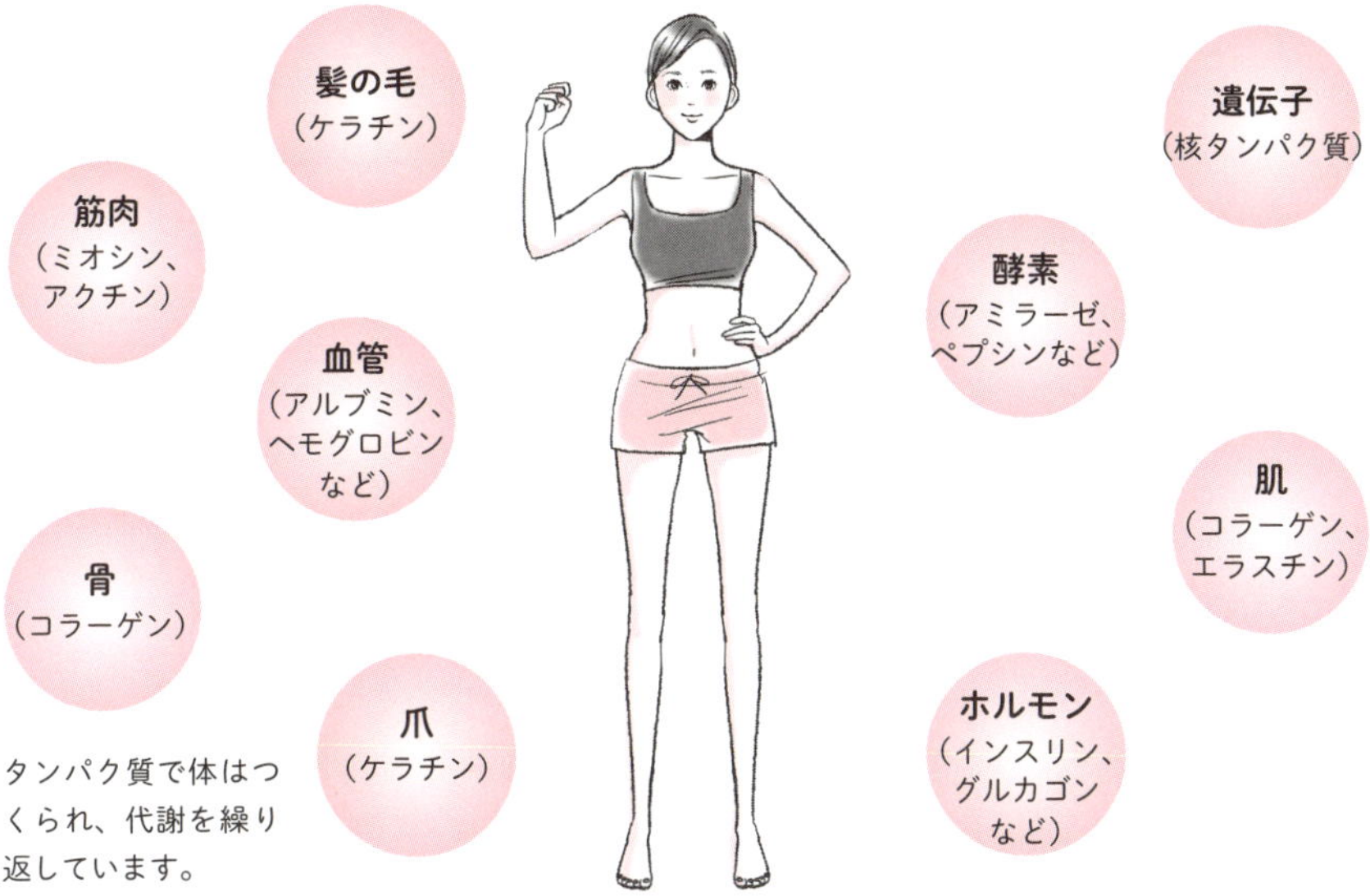

タンパク質で体はつくられ、代謝を繰り返しています。

成人女性の体の20%はタンパク質でできている

成人の体で約60%を占めるのは水ですが、次に多いのはタンパク質で、約20%を占めるといわれています。具体的には筋肉、皮ふ、臓器、血管、髪の毛、骨、爪などあらゆる体の部分を構成。さらに食べものの消化や皮ふの新陳代謝を助ける働きをする酵素、体の機能維持に必要なホルモンなどもタンパク質からつくられます。

人間のタンパク質には約10万もの種類があり、これらは20種類のアミノ酸の組み合わせによりできています。そのうち**9種類は人間の体内ではつくられない「必須アミノ酸」であるため、いろいろなアミノ酸を含んだタンパク質を摂ることはとても重要になるのです。**

不足しないように補給することが大切

体内では、常にいろいろなところでタンパク質が消費されています。だからこそ、消費された量は適切に補わないと、筋肉の衰えや皮ふ、髪の毛などさまざまなところに影響が出るのです。**美ボディは「タンパク質摂取がカギ」と心得ましょう。**

タンパク質　食事

必要なタンパク質量を教えて

RIZAP POINT!

体重から必要な
タンパク質量を
計算してみましょう！
例えば体重60kgなら
タンパク質量は90gです。

タンパク質摂取目安量の出し方

体重（kg）×1.0～2.0（g）* ＝１日あたりのタンパク質摂取目安量

＊特に運動をしていない人なら1.0を、トレーニングを始めた人は1.5を、激しいトレーニングをしている人は2.0をかける。

タンパク質の
摂取量は
体重に比例して
いるニャ！

あなたのタンパク質摂取目安量

□kg×□g＝□g

例）体重が60kgで、トレーニングを始めた人の場合

60kg×1.5g＝90g

タンパク質90gが１日（３食分）の摂取目安量になります。

※１食あたりの摂取量は30gを上限の目安にしましょう。

体重に合わせたタンパク質摂取を

1日に必要なタンパク質は体重によってかわるので、まずは計算式で自分に必要なタンパク質量を出してみましょう。そして肉や魚、卵などの「動物性タンパク質」と、大豆や大豆製品などの「植物性タンパク質」をバランス良く摂るように意識しましょう。

タンパク質はエネルギーもつくり出す

タンパク質は、さまざまな体の部分をつくっていますが、エネルギーもつくり出すことができます。低糖質食を続けた場合、**タンパク質からエネルギーをつくり出す「糖新生」という仕組みが働くようになります。「糖新生」とは、肝臓が「糖が足りない」と判断するとタンパク質に含まれるアミノ酸を材料に、体内の中性脂肪を燃焼させ、エネルギーとなるブドウ糖とケトン体を生み出すこと。**低糖質ダイエットを行う人はこの仕組みを有効に利用し、タンパク質をしっかり摂って、脂肪をエネルギーにかえていきましょう。

タンパク質　食事

タンパク質で代謝をアップさせたい

RIZAP POINT!

タンパク質は
食べるだけでも代謝がアップ。
消化・吸収するために
消費するエネルギーが多いからです。

まんべんなく摂りたい４種のタンパク質の特徴

肉

必須アミノ酸も多く含む動物性タンパク質。特に鶏ささみ肉や豚や牛の赤身もも肉などは、高タンパク質、低カロリーの部位。鶏の皮や脂身を取りのぞいたり、脂が落ちるように網で焼くなどの調理法の工夫を。

魚

魚からは良質な脂が摂れます。特にアジ、サンマ、イワシなどの青魚は、EPA、DHAといった不飽和脂肪酸も豊富。
サケのアスタキサンチンには抗酸化作用があります。新鮮な魚介なら生食で摂るのがベスト。

卵

必須アミノ酸やカルシウム、多数のビタミン類を含みます。
さらに悪玉コレステロールをおさえて善玉コレステロールを増やす働きがあるレシチンやオレイン酸も含み、「完全食品」といわれています。

豆類

植物性タンパク質は納豆、豆腐、おから、枝豆、モヤシ、厚揚げなどの豆や大豆製品から摂れます。ビタミンE、レシチン、イソフラボンなど、女性の美容と健康に役立つ成分が豊富。

代謝アップのポイントはタンパク質

体は食後、食べたものを消化・吸収するためにエネルギーを消費しています。それを「食事誘導性熱生産（DIT）」といいますが、実はタンパク質は、糖質や脂質に比べるとDITが大きいのです。つまり**タンパク質を、多く摂るだけで消費エネルギーが増え、基礎代謝アップにつながります。**

さらに**タンパク質は、基礎代謝アップには欠かせない筋肉をつくる材料にもなっています。**タンパク質を十分に摂っていなければ、筋トレをしても筋肉を増やすことはできません。**つまり、やせやすい体の基礎は、タンパク質を摂ることでつくられていくのです。**

代謝を助けるビタミンB_1も摂ろう

代謝を助けるといわれている栄養素ビタミンB_1も、意識的に摂ることがおすすめです。**ビタミンB_1は、糖質を消費してエネルギーにかえ、体内に蓄積されないように働きます。**豚肉、焼きのり、大豆に多く含まれます。

代謝をアップさせる！お風呂タイムダイエット

毎日のお風呂タイムはリラックスするだけでなく、ダイエット中の代謝アップにも活用できます。おすすめの入浴法を紹介します。

1 ダイエットの目的に合わせて、入浴法を変える

健康やダイエットに効果のある入浴法は、肩まで浸かる入浴や半身浴などがあり、得られる効果が多少違います。カロリーをたくさん消費したい場合は肩まで浸かる入浴を、代謝を良くして冷えやむくみをとりたいなら半身浴がおすすめです。

2 半身浴はデトックスの効果も！

重力の関係で、人は立っているだけで血流の中の老廃物が下半身にたまりやすく、それによって、むくみや血行不良、冷えが引き起こされます。半身浴は、ぬるめのお湯で体を温めることで、血行を良くし、代謝もアップさせて下半身のむくみを解消。老廃物がたまりにくい体へと変化させる効果があります。また、下半身だけでなく全身も温まるので、デトックス効果も期待できます。老廃物がたまりにくい体をつくり、ダイエット効果を高めます。

3 半身浴のしかた

1．　お湯の温度は 37 ～ 38 度に設定する。
2．　お湯の量は、みぞおちから下が浸かるくらいにして最低 20 分程度浸かる。

※入浴中は汗をかいたり、手持ちぶさたになったりするので、水分補給の飲みものや雑誌などを準備しておくのも良いでしょう。
※すぐに効果が出ないこともありますが、毎日続けることでだんだん汗をかくようになり、老廃物を出せる体に変化していきます。

4 入浴剤を使って効果アップ

代謝アップ効果をより高めるために、入浴剤を使うこともおすすめです。効能や香りなど、さまざまなタイプが出ているので、好みや目的に合わせて上手に使い分けるといいでしょう。

◎ゲルマニウム入浴剤
代謝アップ効果が期待できるゲルマニウムという鉱物の粉末を配合した入浴剤。熱伝導が良く「体の発汗・保温効果」を促します。

◎岩塩系
自然塩を使った入浴剤は、体を温め、湯冷めをしにくくさせるので、冷え性の人におすすめです。特に岩塩にはミネラル分が含まれ、美肌やデトックス効果も。

◎炭酸ガス系
血行促進効果が期待できます。血管を拡張させ、血流を促すため、疲労回復や代謝アップなどの効果が得られます。

◎一般的な入浴剤
重曹（炭酸水素ナトリウム）などが使われており、体を温めるほか、皮ふの汚れを浮かび上がらせる効果が。さらに香りや色でリラックスできます。

タンパク質　食事

食べて代謝をアップさせたい

RIZAP
POINT!

たくさんの水や白湯を飲む、
タンパク質を中心にした
温かいものを食べることで、
代謝がアップします。

memo

- タンパク質を摂る
- 水か白湯を飲む
- 1日1.5リットルの水分を摂る
- 温かい食事を摂る

朝はコップ1杯の水か白湯を飲みましょう！
水

1日の水分補給の目安は1.5リットル。健康法としてもおすすめ！

女性の場合、水分を1日1.5リットル飲みましょう

基礎代謝を上げるのに必要なのは筋肉ですが、その筋肉のために必要なのがタンパク質。そして**タンパク質の働きを助け、脂肪を燃焼しやすい体にしてくれるのは、水や白湯（P.30）です。女性は1日1.5リットル程度の水分を摂ったほうが良いといわれています。**むくみや便秘にも効くので、ダイエットをしていない人も、健康法としておすすめです。

人の老廃物は1日に2リットルたまるといわれ、体内を浄化するためにも、水分は必要です。まずは朝起きたときの1杯と、こまめな水分補給を習慣にしましょう。

温かい食べものを中心に食べよう

食事によって体が温まると基礎代謝が上がります。**特におすすめなのは、体を内側から温めてくれる鍋ものなどの温かいメニュー。**肉や魚、豆腐などのタンパク質と、葉野菜を一緒にたっぷり摂れるのもポイント。ただし、雑炊や麺類で締めるのはやめましょう。

タンパク質　ダイエット

炭水化物が大好き、でもやめたい！

RIZAP POINT!

主食を少なくした分を
腹持ちのいい豆腐と卵で、
ボリューム不足を補って。
低糖質のパンも活用しましょう。

おすすめの低糖質パン

ブランロール（プレーン）

小麦粉の使用量を減らし、大豆粉やふすま粉など糖質の低い粉を使用してつくられたパン。低糖質なのにモチモチした食感と素朴な味が特徴です。

大豆粉パン

大豆粉特有のくせもなく、低糖質、砂糖不使用、低塩で、どんな料理にも合う飽きのこないパン。しっとりふわふわな食感も特徴です。

ライザップオリジナルの低糖質フードオンラインショップ　URL:http://shop.rizap.jp/

ボリューム不足が補える豆腐と卵

もともとごはんやパンが好きだった人は、炭水化物を食べないと満足感が得られず、ダイエットが続けられないのでは……と不安に思うかもしれません。そんな人に試してほしいのが、**腹持ちが良く、料理のアレンジも豊富な「豆腐」と「卵」。低糖質で良質な植物性タンパク質と、動物性タンパク質を補えるおすすめの食材です。**主食を少なくした分のかわりに、満足感も得られます。毎日の食事に摂り入れてみてください。

豆腐は主食にも主菜にもなる優秀食材

ごはんが食べたくなったときにおすすめなのが、豆腐の「ごはん風」。しっかりと水気を切った木綿豆腐を手で崩し、水分がほどよく抜けるまでにフライパンで炒ります。器に盛りつけ、上に親子丼の具などをのせると、食べごたえ抜群の1品に。パスタやパンが食べたいときは、ライザップが展開する、**糖質をおさえながらもおいしく糖質コントロールできる、「ライザップフード」シリーズを取り入れるのも。**

糖質コントロール　食事

甘いものがやめられない！

RIZAP POINT!

高カカオのチョコレートや、
天然由来の甘味料
「エリスリトール」「ラカントS」を
使ったものを食べましょう。

memo

・カカオたっぷりのチョコレート
・天然由来の甘味料でつくったもの
・低糖質スイーツ

市販の低糖質のスイーツも増えています。食べたいときは食べてストレス解消を。

チョコレートならカカオの含有率量70%以上のものを

ダイエット中でも無性に甘いものが食べたくなるときはあるでしょう。そんなときは思い切って食べてしまいましょう。**おすすめは、カカオの含有率が70%以上のタイプや、ダークタイプで砂糖が少ないチョコレートです。原料のカカオ豆は、抗酸化成分のポリフェノールを含み、ストレスを予防・緩和する効用もあります。さらに皮ふの代謝を助ける亜鉛も含まれています。**ホワイトチョコレートは、カカオを含んでいないのでNGです。

天然由来の甘味料を使ったもの、低糖質のスイーツなら◯

甘味料でおすすめなのは、天然由来の「エリスリトール」や「ラカントS」。血糖値を上げず、カロリーもゼロです。ただし、大量摂取すると下痢になる可能性もあるので、注意が必要です。また、**材料に大豆粉やアーモンドプードル、豆乳、おからなどを使って糖質をひかえたスイーツなら、適度に食べても大丈夫です。**

空腹感がおさまる“ツボ”で食欲をコントロール！

無性にいっぱい食べたくなるときにおすすめなのが、空腹感がおさまる“ツボ押し”です。食欲をコントロールするためにも試してみてください。

1 ツボ押しが効くしくみと正しい押し方

「ツボ押し」とは、体の機能をコントロールしている自律神経に働きかけるもの。ツボを押すことで、ツボの近くにある神経が反応し、さらに中枢神経から脳へと刺激が伝わります。その結果、臓器や器官の働きを調整し、健全な状態へと導きます。ツボは骨の近くを通っていることが多く、骨をたどると正しいツボの位置がみつかります。

ツボを押すときに気をつけたいのは、押す角度。ツボの位置に指をあて、骨のキワに指を押し込み、そこから押し上げるような感じで押していきます。「イタ気持ちいい」と感じる場所が、正しいツボの場所であり、正しい押し方です。一つのツボに対して押すのは、３～５回が目安。押し過ぎると、かえって効果が得られないこともあるので、注意しましょう。

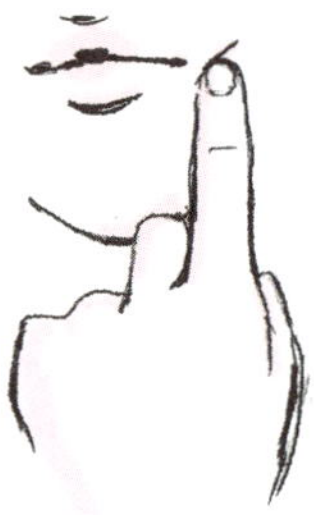

2 空腹感がおさまり食欲をコントロールするツボ

地倉（ちそう）

胃のトラブルに強いといわれているツボです。食欲をコントロールしたり、食前に押すと食べ過ぎ防止に効果があります。

◎ツボの見つけ方と押し方

口の両端（外側）にあるくぼみがツボの位置になります。

くちびるを閉じて、両手の人差し指をそれぞれくぼみにあてて、左右同時に３～５回押しましょう。

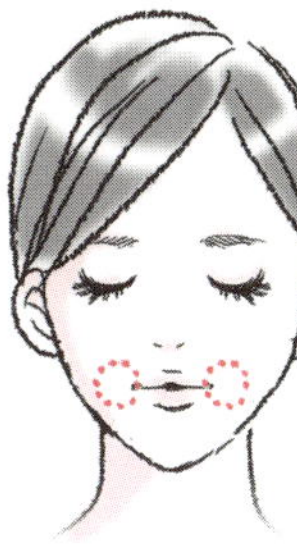

◎ほかにもこんな効果が！

顔のむくみやくすみの解消に効果的です。口周辺のたるみや、ほうれい線予防の効果もあるといわれています。

百会（ひゃくえ）

「百」はたくさんの効果があることを示し、“万能ツボ”といわれています。自律神経をコントロールし、安定させることができるので、「おなかが空いた」と感じたときに押すと、食欲をおさえる効果が期待できます。

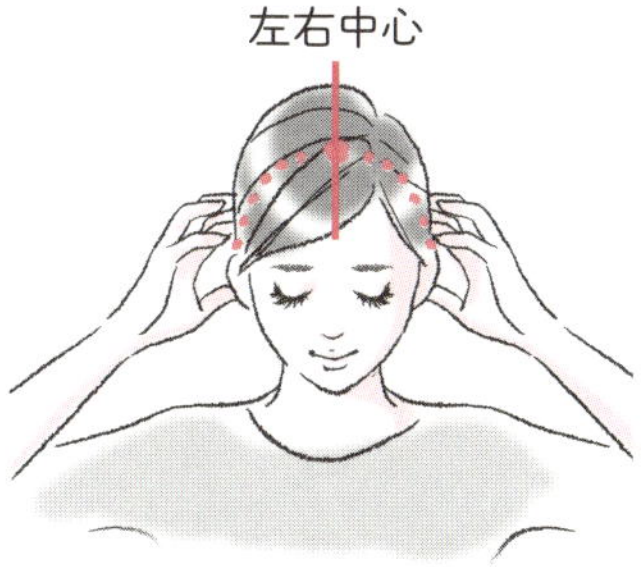

◎ツボの見つけ方と押し方

頭を上から見たときに、頭の左右中心と左右の耳の上端をつないだ線が交わる場所（イラスト参照）がツボの位置になります。両手中指をツボにあて、上から内側に向かってゆっくりと３～５回押しましょう。

◎ほかにもこんな効果が！

百会は自律神経をコントロールする働きがあるので、精神的なストレスを緩和します。さらに刺激によって頭の血流が良くなり、頭痛、耳鳴り、めまい、立ちくらみ、二日酔いの症状などにも効果があります。

糖質コントロール　食事

外食やコンビニ食でも低糖質食にしたい

RIZAP POINT!

洋食系のファミレスやカフェを選び、メニューの選び方にも気をつけて。コンビニ食は栄養成分をチェックしましょう。

飲み会の場合

アルコールは続けて飲まず、途中で水やお茶を挟みましょう。ゆっくりよく噛んで食べ過ぎ防止を。

① お酒は蒸留酒を（p.119）

選ぶなら焼酎やウイスキーなどの蒸留酒を。チューハイやカクテルは×。

② 最初に野菜を食べよう

まずはサラダや鍋料理の野菜を食べて、血糖値の上昇をおさえて。

③ 肉・魚なら

焼き鳥は砂肝、レバー、もも、ささみを塩で。皮、ホルモン、モツ、ぼんじりは×。魚はさしみや焼き魚を。

④ 鍋料理なら

水炊きや豆乳鍋を。キムチ鍋は糖質が多く、モツ鍋は脂質が多いのでNG。

お店選び

OK

洋食系のファミレス
カフェ
定食屋
焼き肉屋
ステーキ屋
など

NG

寿司屋
とんかつ屋
中華料理店
ラーメン屋
うどん・そば屋
など

選び方に気をつけて

外食するときは、**お店選びから気を配りましょう。**主食のごはんや麺類は頼まないようにしたいので、**寿司屋やラーメン屋、うどん屋、そば屋は外します。**和食店も、煮ものや煮魚などの味つけに、糖質の多い砂糖やみりんを使っていることが多いので、できれば避けましょう。小鉢を選べたり、ごはんを抜きにしたり、カスタマイズできるお店ならＯＫです。**ファミレスやカフェに行くときは洋食系の店へ、ステーキ屋や焼き肉屋もおすすめです。**糖質の多い料理や食材を避けるためにセットメニューは頼まず、単品をチョイスするようにしましょう。

コンビニ食の選び方

コンビニで買うときは、まず栄養成分や原材料をチェックして、低糖質なものを探します。糖質の記載がないときは、炭水化物から食物繊維を引くと糖質量が出ます。コーンやクルトン、ポテトがのっているサラダは避けましょう。蒸し鶏やスモークチキン、ツナ缶やサバ缶、ゆで卵などはおすすめです。

ダイエット　食事

ダイエットに
サプリを利用したい

RIZAP
POINT!

不足しがちな栄養素や
健康維持のために摂り入れて！
摂るタイミングは
目的によっても違います。

効率よくボディメイクを成功させる！
ライザップオリジナルサプリメント

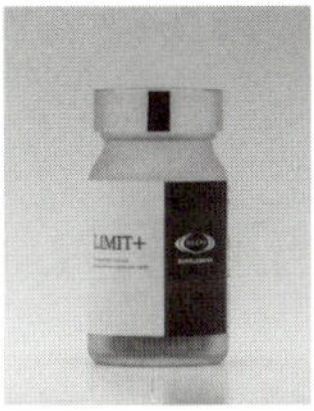

LMIT +
（リミットプラス）
糖質の吸収や消化をブロック。偏りがちな食生活をサポートします。
90 粒／税込 16,200 円

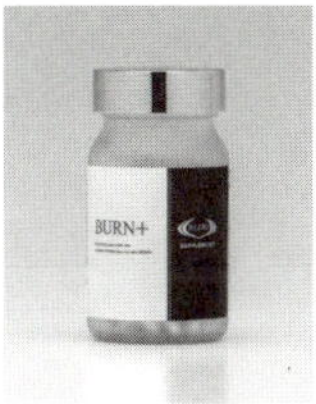

BURN +
（バーンプラス）
年齢を重ねた女性におすすめ。燃焼を助け運動効果を高めます。
155 粒／税込 16,200 円

QUICK　BURNER
（クイックバーナー）
エネルギー不足を感じる人のための活力サポートドリンク。
50ml × 10 本／税込 5,400 円

FIBAX
（ファイバックス）
栄養素を吸収しやすくし、体を内側からキレイにします。
10g × 30 包／税込 14,040 円

ライザップオリジナルの低糖質フードオンラインショップ　URL:http://shop.rizap.jp/

目的を明確にして摂り入れて

日常生活の中で、食事だけでは不足しがちな栄養素を補ったり、健康維持のために摂るのが、サプリメントです。サプリメントを選ぶポイントは、目的をきちんと明確にすること。例えば糖質の吸収をおさえたいなら、ギムネマ、サラシアなどの成分が入っているものを。腸内環境を改善したいなら、食物繊維や乳酸菌を補うものを。代謝を高めたいならプロテインを選びましょう。

正しい飲み方が大切

サプリメントは摂るタイミングも大切です。例えばプロテインならトレーニング後30分以内や、翌朝に。体がタンパク質を求めているタイミングに摂ります。栄養補給のサプリメントは、食事の消化・吸収と合わせるのがベストなので食後に。糖や脂肪の吸収を穏やかにするサプリメントは、食前がおすすめです。**コップ1杯程度の水か白湯とともに飲みます。**お茶やコーヒーで飲むのは効果を下げるので避けましょう。**飲みはじめたら継続的に飲むことで効果が出てきます。**

ボディメイク　モチベーション

10年後もキレイでいたい

RIZAP POINT!

**加齢は
止められないけれど、
老化は努力で
遅らせることができます。**

memo

・肌、髪、体形……
　見た目のキレイは努力しだい

筋トレと食事管理で、老けない体づくりを実現しましょう。

心や体のピークは30代といわれている

女性の心や体が充実しているのは30代といわれ、40歳を過ぎると、いろいろな変化が表れはじめます。肌の弾力が失われたり、シミやそばかすが増えたり、白髪が目立つようになったり、ちょっとした運動で息切れしたりするように。原因は加齢によるホルモンの変化であったり、老化現象だったりします。**加齢はもちろん止められませんが、体の老化は、筋肉トレーニングや食事管理で遅らせることができます。**

老けない体をつくるためにできること

いくつになっても若々しく見える人がいるように、老化や見た目は本人しだい、いくらでもかえることができます。

例えば肌のたるみ（p.122）や白髪（p.168）、骨粗しょう症（p.184）も、**必要な栄養素をしっかり摂ることで予防したり、止めることができます。筋肉の衰えは、筋肉トレーニングを続けることで、ストップすることが可能です。**すべては心がけしだい。10年後も、キレイな自分を想像しながら、できるところからはじめてみましょう。

「3日坊主」にさせない！ライザップってどんなところ？

part 1

1人で行うダイエットは挫折しがち。「やり切る」ことを大切にするライザップの秘密に迫ります。

マンツーマンの指導で、自分にピッタリ合ったプログラムを進められる

ダイエットのための食事コントロールや筋肉トレーニングは1人でもはじめられますが、長く続けるのは、たいへんな忍耐力を必要とします。ライザップでは無料のカウンセリングで話を聞いたうえで、専属トレーナーが、運動・食事管理・メンタルの3方向から本人にピッタリ合ったプログラムをつくり、目標達成までサポートします。最初から最後まで1人のトレーナーが指導にあたるので、高いモチベーションを維持しながら続けることができます。

満足の結果が出るまで、全力でサポート

ライザップでは、モチベーションUPのための「WOW！（ワオ）」という文化があります。停滞期に陥ってしまった場合、店舗スタッフ全員の背中を押すメッセージをアルバムにしてプレゼントしたり、食事に困っている方に対しては、手軽に取り入れられる低糖質のコンビニメニューをリストにしたりと、心を込めたサポートを形にして届けているのです。元々は、あるライザップトレーナーが独自ではじめた「WOW！」。今では、ライザップ全体で積極的に行うサービスとして確立しています。

第2章

今なら間に合う 10年後のキレイをつくる 食生活レッスン

いくつになっても若々しく、キレイでいたい！
そのためには毎日の食事に気を配ることが
一番です。今日からはじめる食生活改善で
10年後のキレイを目指しませんか。

必要な栄養を効率的に摂るように！

毎日の食生活で体がつくられる

体は毎日の食事によってつくられています。好きなものばかり食べていたり、暴飲暴食をしていたり、不規則な食生活を送っていると、すぐに体調や体形に変化が出てきませんか？

いつまでも若々しく、キレイと健康を維持するためには、今すぐ食生活の見直しが必要です。

まず重要なのは、**自分の体に本当に必要な栄養素をきちんと知ることです。**食事は毎日の事なので、**正しい食生活の知識を身につければ、ダイエットをしてもリバウンドしたり、体調不良が続いたりすることは、なくなるでしょう。**体調がすぐれないときでも、摂ったほうがいい食材がわかれば、献立も立てやすくなります。自分のこれからを見つめる、いい機会にもなるでしょう。

低糖質で栄養価の高い食材を知る！

健やかな体づくりのために、何よりも必要なのはタンパク質、そしてビタミンやミネラル、脂質です。タンパク質は、体のあらゆる部分の元となっている必要不可欠な栄養素。ビタミンやミネラル、脂質は健やかな体をキープするために大切な栄養素です。それらを多く含むものをバランス良く摂ることで、加齢に負けない健康な体づくりが実現します。

この章では、栄養価が高く低糖質のおすすめの食材を多数ピックアップ。体にどんな影響を与え、どのように摂ると効率的かを紹介しています。

さらに食材の使い方や調理法、簡単にできるレシピなども掲載しました。毎日の食生活が充実したものになるように、今すぐできるところから取り入れてみてください。

ライザップ的には どちらがおすすめ？

似たような食材でも、糖質量や栄養価に意外と違いがあるものも。
キレイと健康を実現するのはどちらなのかをチェックしてみましょう。

○マヨネーズ VS ×低カロリーマヨネーズ
低カロリーのほうは脂質を減らし糖質を増やしていることがある

○木綿豆腐 VS ×絹豆腐
絹豆腐のほうが糖質は多い

○無調整豆乳 VS ×調整豆乳
調整豆乳のほうが糖質は多い

○赤ワイン VS ×白ワイン
赤ワインのほうが糖質は低め

○辛口みそ VS ×白みそ
白みそは糖質が多い

○バター VS ×マーガリン
マーガリンはトランス脂肪酸が含まれているため NG

○穀物酢 VS ×米酢
原料が米酢は米、穀物酢は小麦胚芽やハトムギ。醸造しても糖質は米酢のほうが多い

○枝豆 VS ×そら豆
そら豆のほうが糖質は多い

○キュウリ VS ×トマト
トマトは糖質が多い

○ダイコン VS ×ニンジン
ニンジンは糖質が多い

○アボカド VS ×バナナ
バナナは糖質が多い

○ナチュラルチーズ VS ×プロセスチーズ
塩分が多いものは避けたい

○厚揚げ豆腐 VS ×かまぼこ
練りものは糖質が多い

やせたい体におすすめ食材

食事でやせたい人は、1日の糖質摂取量を50g程度におさえることをおすすめします。ごはんやパンを食べなくても糖質はいろいろな食材に入っているので、できるだけ低糖質で栄養価の高い食材を覚えておくといいでしょう。

ボディメイクの味方
野菜やキノコ類

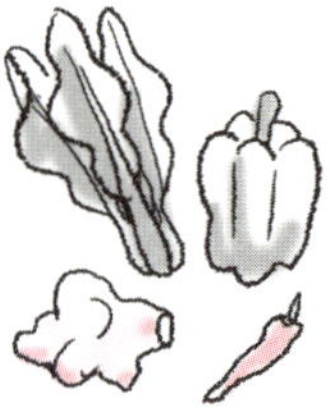

野菜

キノコ

アボカド

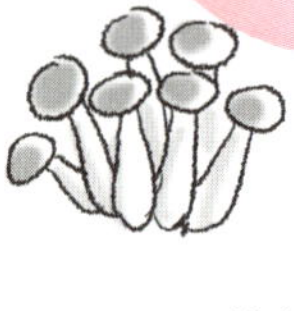

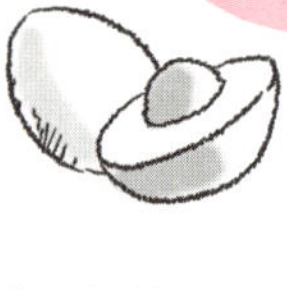

基本的には野菜は低糖質でおすすめです。そのほかにもハーブや海そう類などを上手に使うと栄養バランスが良くなります。キノコ類は糖質が少ないものが多く、食物繊維やミネラルが豊富。積極的に摂りたい食材です。果物はアボカド以外全般的に糖質が多めなので、低糖質食実行中はできれば避けたい食材です。

RIZAP POINT!

ブロッコリーはボディメイクの最強食材

糖質をおさえながら栄養が摂れる

ブロッコリーは糖質が少なく、緑黄色野菜の中でも栄養価が高い食材です。1房のブロッコリーの**つぼみの部分だけで、人が必要な1日分のビタミンC**が摂れるといわれています。そのほかにも**ビタミンB群・E、カルシウム、カリウム、カロテンや食物繊維も豊富です。**タンパク質と一緒に食べると吸収率もアップします。

ブロッコリーの上手な食べ方

塩ゆでならビタミンが逃げないよう2～3分で湯から取り出します。蒸す、スープに入れるなどの調理法は栄養が逃げません。やわらかいつぼみより茎のほうが栄養価が高いので、細かく刻んだり、まわりのかたい皮をむいたりして、食べましょう。きれいな緑色を保つには、ゆで終わったらすぐに冷水につけます。

油とも相性が良く
一緒に摂ると栄養の
吸収率もアップ

RIZAP POINT!

小松菜はカロテン・カルシウムの宝庫

下ゆで不要で使いやすい

小松菜はアクが少なく、下ゆでが不要なので使いやすい葉野菜です。**カロテン、ビタミンC・B群・E、カルシウム、鉄、リン、食物繊維などが豊富に含まれています。**特にカルシウムは、ホウレンソウの3倍以上含むので、**骨粗しょう症の予防にも最適です。カロテンは体内でビタミンAに変換され、髪や肌の健康維持に効果を発揮します。**

骨粗しょう症におすすめの食べ方

小松菜のカルシウムの吸収率を高めるためには、マグネシウムやビタミンD、タンパク質を含む食品と一緒に食べることがおすすめ。キノコと一緒にみそ汁に入れたり、卵や油揚げと一緒に食べるのもいいでしょう。油との相性もいいので、炒めものにしてもおいしく食べられます。

特にカルシウムが
不足する閉経後は、
こまめに
摂りましょう

RIZAP POINT!

キノコ類はやせ体質づくりのマスト食材

キノコ類は料理の万能選手

キノコ類は、**食物繊維はもちろん、ビタミンDやビタミンB群などが豊富です。**中でもシメジは食物繊維、マイタケはビタミンD、シイタケはビタミンB群が豊富に含まれています。どれも**糖質が少なめで低カロリー。**ダイエットにはおすすめの食材です。炒めものや鍋もの、みそ汁など、いろいろな料理に使えるのもいいですね。

キノコの調理のコツ

キノコは、ナメコ以外は洗わずに調理します。マッシュルームの汚れが気になるときはサッと水洗いするか、キッチンペーパーでふき取りましょう。そのほかのキノコは水洗いをすると、食感や風味、栄養素が落ちてしまう可能性があります。

調理をする場合、長時間の加熱は栄養をそこなう原因になるので短めに。マイタケは汁ものに入れると汁が濁るときがありますが、マイタケの栄養が溶け出したものなので捨てないで食べるようにしましょう。

RIZAP POINT!

赤い野菜ならパプリカがおすすめ

彩りを加えるならパプリカを

低糖質食ばかりに意識がいってしまうと、彩りを忘れてしまいがち。そんなときは見た目がかわいく**彩り豊かな料理をつくって気持ちを上げましょう。**トマトやニンジンなどの赤やオレンジの暖色系野菜は、比較的糖質が多め。おすすめはパプリカがです。肉詰めなどにするとタンパク質もしっかり摂れます。

赤パプリカは脂肪燃焼効果もアップ

赤パプリカは、トウガラシに多く含まれるカプサイシンを含みます。量は少なめですが、脂肪燃焼効果や抗酸化力も期待できますので、トウガラシの辛味が苦手な人は赤パプリカがおすすめです。

また、ビタミンCやカロテンも多く含まれます。パプリカのビタミンCは加熱しても壊れにくく、カロテンは油と一緒に調理したほうが吸収率がアップするので、炒めものなどで摂ると効率的です。

糖質が少ない野菜・果物・キノコ類

毎日たっぷり摂りたい低糖質の食材です。

緑豆モヤシ（約2/5袋）	ホウレンソウ（約1/2束）	小松菜（約1/3束）
糖質　1.3g タンパク質　1.7 g エネルギー　14kcal	糖質　0.3g タンパク質　2.2 g エネルギー　20kcal	糖質　0.5 g タンパク質　1.5g エネルギー　14kcal
キュウリ（約1本）	**ダイコン（約1/10本）**	**ブロッコリー（約1/2個）**
糖質　1.9g タンパク質　1.0 g エネルギー　14kcal	糖質　2.7g タンパク質　0.5 g エネルギー　18kcal	糖質　0.8g タンパク質 4.3g エネルギー 33 kcal
レタス（約1/3個）	**チンゲンサイ（約1株）**	**ハクサイ（約1/20株）**
糖質　1.7 g タンパク質　0.6 g エネルギー　12 kcal	糖質　0.8 g タンパク質 0.6 g エネルギー 9 kcal	糖質　1.9g タンパク質 0.8g エネルギー 14 kcal
アボカド（約1/2個）	**キャベツ（約1/12個）**	**エノキダケ（約1袋）**
糖質　0.9g タンパク質　2.5 g エネルギー　187kcal	糖質　3.4g タンパク質　1.3 g エネルギー　23kcal	糖質　3.7g タンパク質　2.7 g エネルギー　22kcal
シイタケ（約8個）	**マイタケ（1パック）**	**マッシュルーム（約2/3パック）**
糖質　1.5g タンパク質　3.0 g エネルギー　19kcal	糖質　0.9 g タンパク質　2.0 g エネルギー　15 kcal	糖質　0.1 g タンパク質　2.9 g エネルギー　11 kcal

※糖質、タンパク質、エネルギーは生の100gあたりの値です。
※食材の右に100gの目安を記載。
※日本食品標準成分表2015年版（七訂）を参考に計算したものです。

△ 糖質がやや多めの野菜

食べる量には注意したい野菜です。

トマト（約 2 /3 個）

糖質　3.7g
タンパク質　0.7 g
エネルギー　19kcal

ニンジン（約 2/3 本）

糖質　6.5g
タンパク質　0.7 g
エネルギー　39kcal

レンコン（約 1/2 節）

糖質　13.5g
タンパク質　1.9 g
エネルギー　66kcal

ゴボウ（約 2/3 本）

糖質　9.7g
タンパク質　1.8 g
エネルギー　65kcal

長ネギ（約 1 本）

糖質　5.8 g
タンパク質　1.4 g
エネルギー　34 kcal

タマネギ（約 1/2 個）

糖質 7.2 g
タンパク質　1.0 g
エネルギー　37 kcal

芽キャベツ（約 10 個）

糖質　4.4 g
タンパク質　5.7 g
エネルギー　50 kcal

ミニトマト（約 10 個）

糖質　5.8 g
タンパク質　1.1 g
エネルギー　29 kcal

ヤングコーン（約 10 本）

糖質　3.3 g
タンパク質　2.3 g
エネルギー　29 kcal

※糖質、タンパク質、エネルギーは生の 100g あたりの値です。
※食材の右に 100g の目安を記載。
※日本食品標準成分表 2015 年版（七訂）を参考に計算したものです。

つけ合わせのトマト 1 切れや、サラダに少量のニンジンが混ざっているくらいなら大丈夫。

糖質が多い野菜・果物

低糖質食ダイエット中はひかえたい食材です。

サトイモ（約2個）	糖質　10.8 g	タンパク質　1.5 g	エネルギー　58 kcal
ジャガイモ（約2/3個）	糖質　16.3g	タンパク質　1.6 g	エネルギー　76kcal
サツマイモ（約2/5個）	糖質　29.7g	タンパク質　1.2 g	エネルギー　134kcal
スイートコーン（約2/3本）	糖質　13.8 g	タンパク質　3.6 g	エネルギー　92 kcal
西洋カボチャ（約1/12個）	糖質　17.1g	タンパク質　1.9 g	エネルギー　91kcal
日本カボチャ（約1/12個）	糖質　8.1 g	タンパク質　1.6 g	エネルギー　49 kcal
リンゴ（約2/7個）	糖質　14.3g	タンパク質　0.2 g	エネルギー　61kcal
バナナ（約2/3本）	糖質　21.4g	タンパク質　1.1 g	エネルギー　86kcal
イチゴ（約7個）	糖質　7.1 g	タンパク質　0.9 g	エネルギー　34 kcal

※糖質、タンパク質、エネルギーは生の100gあたりの値です。
※食材の右に100gの目安を記載。
※日本食品標準成分表2015年版（七訂）を参考に計算したものです。

果物、イモ類は全般的に糖質が多いので、ダイエット中はひかえましょう。

RIZAP POINT!

アボカドの栄養価は天下一品

アボカドもアボカドオイルも栄養満点

アボカドは世界一栄養価の高い果物といわれ、**ビタミンA・B群・C・E、葉酸などが豊富に含まれ、抗酸化作用もあります。**脂質は高めですが、不飽和脂肪酸と呼ばれるもので、**血液をサラサラにする効果があります。**

また常備したいのがアボカドオイル。**ビタミンEがとても豊富なので、肌の新陳代謝を活性化して、肌のシミやしわを予防します。**

アボカドの上手な食べ方

アボカドは変色しやすいので、切ったら1個あたり小さじ1程度のレモン汁や酢などをかけておくといいでしょう。切った後に熟していないと感じたら、レンジで1～2分加熱すると食べごろになります。ペースト状のアボカドディップなら冷凍保存も可能です。

アボカドディップを
常備しておけば
1品たりないときも
手軽なおかずに

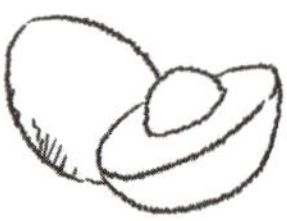

RIZAP POINT!

ゴマパワーでアンチエイジング！

ゴマに含まれるセサミンは抗酸化作用や老化防止の効果が

ゴマは栄養の宝庫といわれます。**不飽和脂肪酸のリノール酸やオレイン酸、タンパク質、ビタミンE・B群、カルシウム、鉄などのミネラルが豊富。**中でも脂質に含まれる**セサミンは抗酸化作用が強く、老化防止や悪玉コレステロールを低下させ動脈硬化を予防する**など、心身のアンチエイジング効果が期待できます。

おすすめのゴマの食べ方

ゴマのさまざまな栄養素を体内に吸収させやすくするには、すって食べるのがおすすめ。ただ、時間がたつとリノール酸が酸化してしまうため、食べる直前にすりましょう。

《ゴマの種類》

●白ゴマ…ほのかな甘みがあり、味はマイルド。脂質が多めなのでセサミンも多い。

●黒ゴマ…香りが強く、コクもある。アントシアニンがやや多い。

●金ゴマ…香りが良く、濃厚な味わい。抗菌作用のあるフラボノイドを含む。

みそ汁やサラダなどに
ふりかけるだけで
栄養価アップだワン！

RIZAP POINT!

コンニャクは糖質やコレステロールを排出

コンニャクはミネラルも多くヘルシー

コンニャクの100gあたりの**糖質は0・2g、カロリーは7キロカロリー。ダイエットには最適な食べもの**です。さらにコンニャクに含まれる水溶性食物繊維の**グルコマンナンは、老廃物を排出し、血糖値を下げる効果がある**といわれています。**カルシウム、マグネシウム、鉄などのミネラルや食物繊維も豊富です。**ぜひ積極的に摂り入れて。

コンニャクの味を染み込ませる下ごしらえ

●塩をふって麺棒で軽くたたく

まな板に、水けをふいたコンニャクをのせ、塩をまんべんなくふり、麺棒で軽くたたく。
→汁ものや煮ものなどにおすすめ

●塩もみして、ゆでる

コンニャクに塩をもみこんでから、しばらく置き余分な水分を出す。熱湯にサッとくぐらせ、ざるに上げて水けを切る。
→おでん、すき焼きなどにおすすめ

●中火で炒める

コンニャクを使いたい形に切り、鍋に入れ、混ぜながら中火で炒る。
→煮もの、炒めもの、あえものなどにおすすめ

RIZAP POINT!

コリアンダーで美腸 & 美肌づくり

便秘解消に効果的

コリアンダーは「香菜」、「パクチー」とも呼ばれるハーブ。生葉には独特の香りがあり、好みがわかれますが、**ビタミンB_1・B_2・C・Eやカルシウム、マグネシウムなどのミネラルも豊富で、美肌効果や便秘解消、気分の高揚などに効果がある**といわれています。さらに消化を促進し、代謝アップやデトックスの効果もあるので、料理にアクセントとして取り入れるのがおすすめです。

コリアンダーの使い方

サラダやスープ、炒めもの、鍋ものなどにそのまま入れるだけで風味が豊かになります。選ぶときは、緑色が鮮やかで、茎があまり太くないものを。茎から葉先までシャキッとしたものを選びましょう。鮮度が落ちてくると葉の色が黄色っぽくなります。

更年期障害の予防にもなるといわれています

RIZAP POINT!

ニンニクパワーで代謝アップ＆疲労回復

アリシンのスゴイ効果

香辛料としても出番の多いニンニクは、**ビタミンB_1・B_2、辛み成分のアリシンを含みます。**この中でも、**アリシンは切ったり、すったりすることで酵素が働き、抗酸化作用や抗菌・殺菌作用、ガン予防の効果を発揮。**さらに、**ビタミンB_1と結合すると代謝アップ効果や脂肪分解促進、疲労回復、風邪予防の働きをします。**

ニンニクの使い方

アリシンは、熱に弱いのですりおろして生で食べるのが効果的。油との相性は良く、ビタミンB_1と結合すると、代謝効果がパワーアップします。ダイエット中はビタミンB_1を含む豚肉やレバーなどと炒めるのがおすすめ。

臭いが気になるなら、
一緒に牛乳や緑茶を
飲みましょう

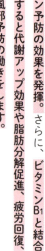

RIZAP POINT!

ショウガで体を温め、代謝と脂肪燃焼効果をアップ

体を温めて冷えも解消！代謝もアップ！

ショウガに含まれる辛み成分の一つ、**ショウガオールは冷え対策に最適な成分です。身体の深部で熱をつくり出し、長時間かけてじわじわ温めてくれます。**ショウガオールはショウガを加熱したり、乾燥させたりしたときにできるので、温かい紅茶やほうじ茶に入れたり、炒めものなどの料理に使うと効果的です。**新陳代謝がアップするので脂肪燃焼につながります。**

ショウガの保存方法

ショウガは冷凍保存が可能です。1かけずつ、ぴっちりとラップで包み、保存袋に入れて冷凍すれば、凍ったまますりおろして使えます。また、先におろしたり、薄切りやせん切りにしたりして、使う分量ずつラップで包み冷凍しておくのも便利。そのまま料理に入れて使えます。保存期間の目安は1か月程度です。

冷蔵保存の場合は、湿らせたキッチンペーパーで包み、保存袋に入れて野菜室へ。保存期間は1～2週間程度です。

使いやすい方法で保存してください。

RIZAP POINT!

トウガラシのカプサイシンで脂肪燃焼効果をアップ

運動前に摂ると効果アップ！

脂肪燃焼効果のあるトウガラシは、ダイエット中には積極的に摂り入れたい食材。トウガラシの辛味成分の**カプサイシンは、体を温め、脂肪燃焼効果を高め、コレステロールの上昇を防ぎます。**特に運動前に摂ると、**燃焼効率を上げてくれます。**

トウガラシ活用術

ネギやニンニクと相性が良く、一緒に炒めたり、スープに入れたりすると抗酸化力がプラスされ、体のサビ止め効果が期待できます。また、洗面器にお湯を張り、ちぎったトウガラシを入れて足湯にしても。足先の血行が良くなり、冷えからくるむくみが解消します。

ダイエット中は
少しずつでも
毎日使いたい食材だワン

RIZAP POINT!

抗酸化酵素の減少を補う
抗酸化食品を摂ろう

減少する抗酸化酵素を補うために抗酸化作用の強い食材を摂ろう

活性酸素は体を老化させる原因になるといわれています。若いころは、体内でつくられる抗酸化酵素の働きが活発なので、活性酸素を弱めてくれていますが、残念ながら抗酸化酵素は年齢とともに減少してしまいます。いつまでも健康で若さをキープするためには、**抗酸化作用を持つ食品を積極的に摂る必要があるのです。**

抗酸化作用の強い食材

◎アボカド
◎キャベツ、ホウレンソウ、
　ブロッコリー、ケール
◎大豆製品
◎ニンニクやショウガなどの香味野菜
◎ナッツ類
◎緑茶
◎カカオや赤ワイン

いろいろな食材を
組み合わせて
効果をパワーアップ
させて！

アロマテラピーで暴飲暴食を撃退しよう

花やハーブ、果実の香りにはさまざまな薬理作用があり、その力を借りて体や心の調子を整えていく健康法（芳香療法）がアロマテラピーです。ダイエットにおすすめの香りもあるので紹介します。

1 香りが体に効く理由

香りが心身に働きかけ、体内に伝わるルートは３つ。

１つは鼻。鼻から良い香りをかぐと脳に伝わり、「良い香り」ということが認識されて、気持ちが落ち着きます。

２つめは口。呼吸によって口や鼻から取り入れた香りは肺に入り、器官から全身に運ばれます。風邪予防として抗菌・殺菌作用のある精油を呼吸で取り入れるのも良いでしょう。

３つめは皮ふ。入浴やマッサージに使った場合は、皮ふを通り抜けて血管やリンパへ運ばれます。美肌効果や血行を促進し疲労回復につながります。

※マッサージや入浴に使用する場合は、精油の原液が肌に直接つかないように注意しましょう。

口や鼻から取り入れると、風邪予防にも効果的。

2 ダイエットにおすすめの香り

ダイエットにおすすめといわれるのは、サイプレスやジョニパーベリーの香り。暴飲暴食を抑制する効果があります。利尿作用もあるため、アロマオイルマッサージを行い、余分な水分や老廃物を排出することで、むくみの解消もできます。またダイエット中にイライラしたり、感情が高ぶったりしたときは、ペパーミントがおすすめです。

アロマをたいたり、アロマママッサージを行ったりして、香りを上手に取り入れましょう。

3 運動後の疲れを取りたいときにおすすめの香り

運動後や仕事の疲れを残さない香りとしておすすめなのは、マンダリンやイランイランです。緊張やストレスを緩和させ、体と心をしっかりと休めてくれます。またカモミール・ローマンやラベンダーの香りには、リラックス効果があるので、心身の健康を保ちたい人は試してみても。

アロマテラピー用の精油の種類はとても多いので、目的を絞りながら、自分の好きな香りを探してみましょう。

毎日しっかり摂りたい動物性タンパク質

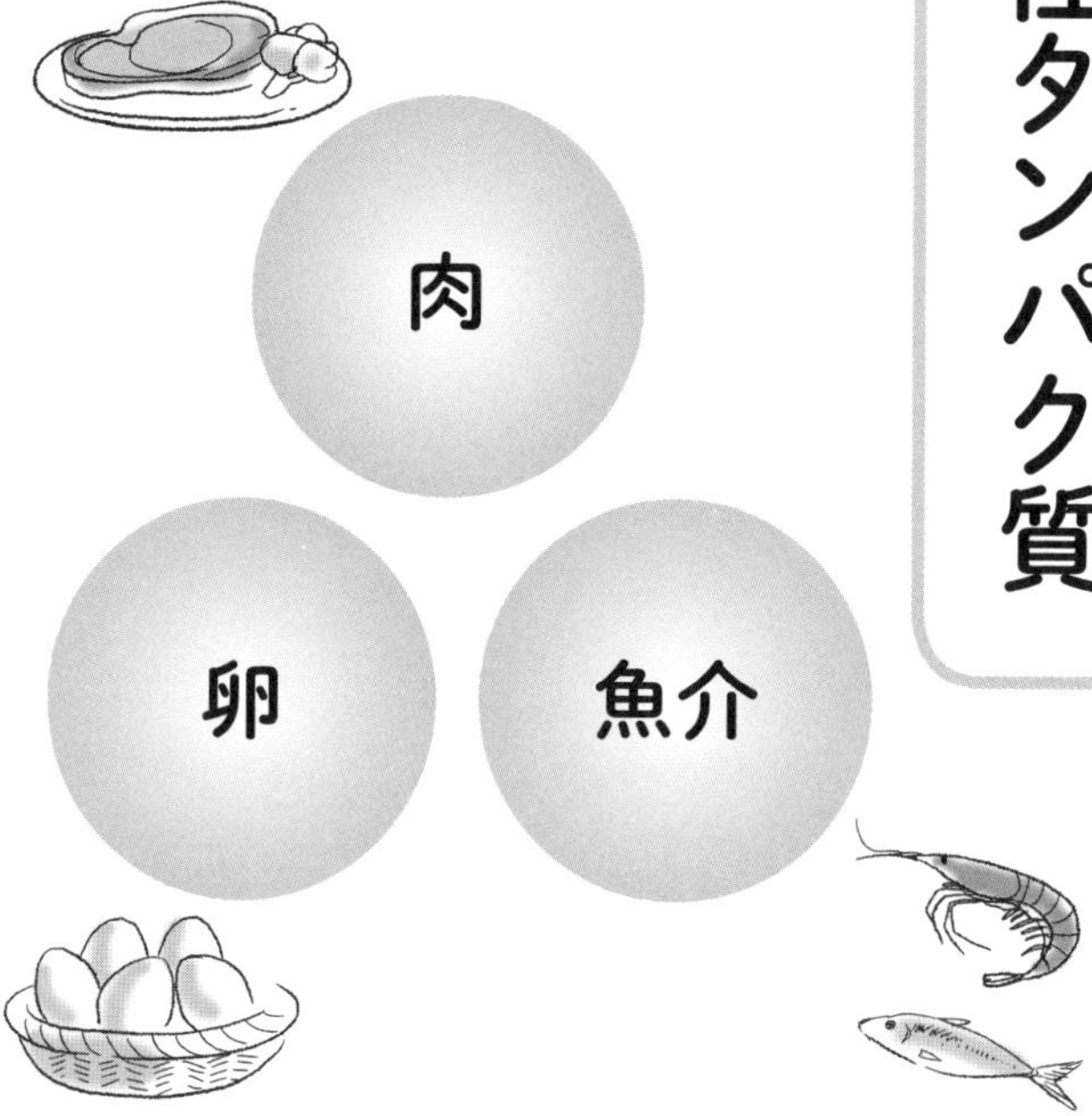

タンパク質源である肉・卵・魚介は、ダイエット中でも毎日しっかり食べたい食材です。肉や魚は種類や部位によって含まれる栄養素が違うので、いろいろなものを食べるようにしましょう。卵はそれだけで完全食品といわれるほど栄養価が高いので、しっかり摂るように心がけてください。

RIZAP POINT!

牛肉の赤身は脂肪を燃やす

L-カルニチンパワーで ダイエット効果アップ

牛肉は**必須アミノ酸をバランス良く含む高タンパク質食材。**ダイエットに効果的な**L-カルニチンが豊富で、血液中の中性脂肪を下げ、コレステロールを低下させ、脂肪を燃焼させる働きがあります。**また、鉄分も多く含まれるので、貧血や冷え性の予防にもおすすめです。

牛肉の赤身の使い方

ダイエットにおすすめの牛肉は、脂肪が少ない赤身の「もも肉」。さっぱりした味わいで、ヒレ肉よりリーズナブルです。内もも肉はやわらかいので、ローストビーフなどカタマリで使えます。外もも肉は少しかためなので、薄切りにして焼き肉や、角切りにして煮込み料理で使いましょう。

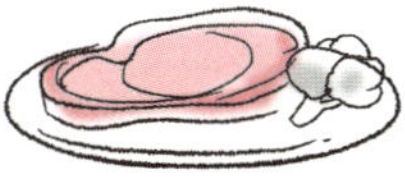

RIZAP
POINT!

鶏ささみ肉はダイエットの最強食材

高タンパク・低カロリーでダイエットに最適

鶏ささみ肉は、体を絞るときや筋肉を鍛えるときに摂り入れると最適な**高タンパク・低糖質、**低脂質の理想的ダイエットフードです。**ビタミンA・B_2なども豊富で、特に疲労回復、肌や髪の毛の健康維持、粘膜・消化器系を守る働きのあるナイアシンを多く含んでいます。**消化も良く、胃腸にやさしいのもおすすめです。

鶏ささみ肉の上手な食べ方

低脂質でビタミンを多く含むので、蒸したりゆでたりするなど、油を使わない調理法がおすすめです。ゆでた鶏ささみ肉を割いておけば、手軽にサラダのトッピングとして使えます。選ぶときは、淡いピンク色で透明感、ツヤ、弾力があって肉がしまっているものを選びましょう。

ゆでて割いた状態で冷凍保存しておくと、スープの具などに、そのまま入れて使えます

RIZAP POINT!

ダイエットの味方は鉄分豊富な鶏レバー

貧血予防や目、肌の健康も守る

ダイエット中に気をつけたいのが鉄分不足です。**鶏レバーは糖質が少ないうえ鉄分が豊富。**赤血球中のヘモグロビン生成に役立つビタミンB_{12}や葉酸、鉄分の働きを助ける銅も含まれるので、貧血予防に効果的。目や肌の健康を守るビタミンAも含まれるので、こまめに食べたい食材です。

レバーをおいしく食べるための下処理法

●血抜き

流水でさらし、水がきれいになるまで洗って血抜きする。または、塩をまぶし、軽くもみ、4～5回水をかえながら洗い流す方法でもOK。

●臭みを取る

血抜きがすんだレバーの水けをキッチンペーパーなどでふき取り、バットに広げて牛乳を入れ、1～1時間30分程度漬け込むと臭みがなくなる。

●下処理をしないで調理

ショウガやニンニク、長ネギ、香味野菜、酒などを加えて調理すると食べやすい。

※鶏レバーは臭みが少ないので、血抜きだけや下処理なしでもOK。

RIZAP POINT!

低糖質で高タンパクのゆで卵を常備菜に

ゆで卵は常備菜におすすめ

低糖質で高タンパクの卵は、ダイエットや筋肉トレーニング中には特におすすめです。**ビタミンやミネラルも豊富**なので、毎日摂ってもいいでしょう。卵を使った料理はいろいろありますが、まとめてゆで卵をつくっておき、常備菜にしておけばいつでも手軽に食べることができて便利です。

ゆで卵、温泉卵のつくり方

ゆで卵は、ゆで時間によって黄身の固さが変わります。好みや料理に合わせてゆで卵をつくりましょう。

●ゆで卵のつくり方

卵は水からゆで始めます。沸騰後の時間によって黄身の固さの調節を。

【沸騰後のゆで時間】

◎ 6 分　… 黄身がトロトロの半熟。
◎ 8 分　… 黄身に透明感があるオレンジの半熟。
◎ 10 分 … 黄身に、ややねっとり感が残る固ゆで。
◎ 12 分 … 黄身がキレイなレモン色の固ゆで。

●温泉卵のつくり方

1. 鍋で卵がかぶるぐらいの量の水を、ぼこぼこするぐらい沸騰させる。
2. 沸騰したら火を止め、卵を入れて 12 ～ 15 分放置して出来上がり。

RIZAP POINT!

筋肉痛には青魚が効く

DHAとEPAが筋肉痛を緩和

運動や筋トレをスタートすると、今まで使っていなかった筋肉を使うことで筋肉痛になることがあります。そんなときにおすすめの食材は、青魚です。アジやサンマ、ブリなどの油に多く含まれている**不飽和脂肪酸のDHAとEPAは、血流を良くして筋肉痛を緩和します。**また、日常の疲れにも効くので、疲れぎみの方もぜひお試しを。

DHA・EPAを逃さない調理法

DHAとEPAを余すことなく摂るなら、生食がおすすめです。焼き魚では約20%、揚げものでは50%も減少してしまうからです。さしみばかりでは飽きてしまうので、例えばムニエルならフライパンに流れ出た脂を使ってソースをつくる、または網で焼くのではなくホイル焼きにするなどの工夫を。水煮缶は汁ごと全部使いましょう。

調理法や食べ方を工夫してムダなく栄養を摂って

RIZAP POINT!

サケのアスタキサンチンで美肌を手に入れる

サケは栄養豊富な優秀食材

一年中手に入るサケは、手頃で、いろいろな料理にも使いやすい食材です。**良質なタンパク質が含まれているのはもちろん、ビタミンDやEなども豊富。**特に注目したいのがサーモンピンクの正体、**アスタキサンチンです。カロテノイドという色素物質で、強い抗酸化作用があります。**身体の隅々まで届きやすく、目の奥や脳、肌や血管年齢も若くしてくれます。

白身魚の栄養

サケは身は赤いけれど白身魚に分類されます。一般的に白身魚は高タンパク質で糖質や脂肪分が少ないので、ダイエット向きの食材ですが、青魚に多く含まれる不飽和脂肪酸の DHA や EPA をはじめ、栄養素は少なめ。その点、サケは、ほかの白身魚にはないアスタキサンチンという栄養を持っています。白身魚、サケ、青魚を体調やダイエット状況に合わせて取り入れるようにするといいでしょう。

RIZAP POINT!

エビで疲れ知らずに

タウリンやミネラルが豊富

糖質をほとんど含まず、高タンパク質、低脂質、低カロリーのエビは筋トレ中、ダイエット中におすすめの食材です。疲労回復や肝臓の機能を助ける働きがある**タウリンを豊富に含み、亜鉛やカルシウムなどのミネラルも豊富。**いろいろな種類のエビを、上手に使って日々の献立に取り入れましょう。

おいしいエビの選び方

車エビや甘エビ、ブラックタイガーなど殻つきを選ぶときは、頭や尾のつけ根がぐらつかず、殻に透明感があるものを。また、殻や頭が黒ずんでいないものを選びましょう。むきエビは新鮮なうちに使い切ります。

蒸しエビや甘エビなどは、サラダのトッピングにも！

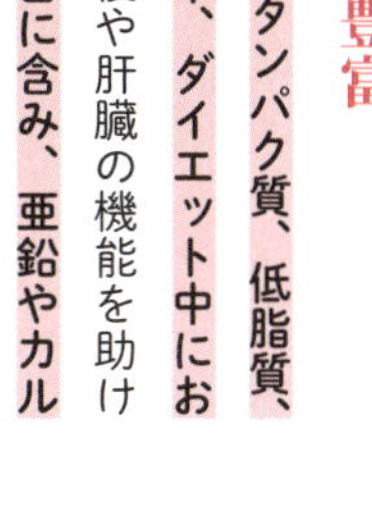

RIZAP POINT!

魚のDHA・EPA＆ビタミンで体を磨く

魚は栄養素の宝庫

魚には体の調子を整えたり、きれいな肌をつくるのに欠かせない**ビタミンA・D・B_1・B_2・B_6がとても豊富です。**さらに丈夫な骨や歯をつくる**カルシウムも多い**ので、健康で若々しい女性の体を維持するために欠かせません。特に青魚には**不飽和脂肪酸のDHAやEPAが多く含まれます。**DHAには脳や神経組織の発育や機能維持の働きが、EPAには血液サラサラ効果や善玉コレステロールを増やす働きがあります。

魚と肉のバランスは？

タンパク質を摂りたいけれど、魚と肉のどちらがいいのか迷う場合もあります。タンパク質は20種類のアミノ酸の組み合わせでできていて、さまざまなタンパク質が人の体には必要といわれています。そのため、どちらもバランス良く食べることが大切です。

ダイエットにも美容にも効果あり！チーズの魅力

チーズはカロリーが高く、ダイエット中はひかえたほうがいいと思っている人も多いでしょう。でも、実はチーズにはダイエット効果が期待できる栄養素がたっぷり。チーズの魅力を紹介します。

1 脂肪燃焼効果のあるビタミン B_2 が豊富

ダイエットに欠かせない脂肪燃焼効果のあるビタミン B_2 がチーズには豊富に含まれています。そのため、チーズを食べてから運動すると相乗効果を発揮し、いつもよりも多くの脂肪を燃焼できます。さらに腸の働きを促して、便秘を解消するので、老廃物が排出されやすくなり、むくみや吹き出ものなどの肌荒れの改善にもつながります。

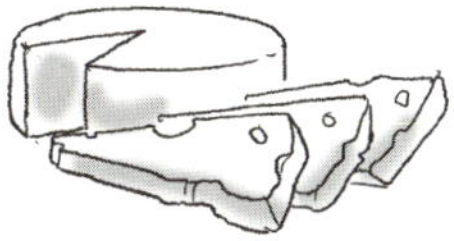

2 満腹感を促して食べ過ぎ防止に

ダイエットに食べ過ぎは厳禁ですが、チーズに含まれるタンパク質には満腹感を促す作用があります。そのため、毎食前にチーズを食べると満足感を得られて、食べ過ぎ防止にもなります。食事量を減らしたい方は、ぜひ試してみてください。

3 基本的にチーズなら何でも OK

チーズにもいろいろな種類がありますが、基本的には何を食べても大丈夫です。ただし、塩分やカロリーが高いものが多いので、食べ過ぎには気をつけましょう。モッツァレラチーズなどナチュラルチーズは、塩分が低めなのでおすすめです。また、定番の赤ワインとチーズの組み合わせも栄養的には悪くありません。赤ワインに含まれるポリフェノールが、チーズの脂肪酸を少なくしてくれます。

ヘルシーで栄養価の高い植物性タンパク質

豆類

大豆製品

植物性のタンパク質である豆類や大豆製品は、畑の肉といわれるほど栄養価が高く、しかもヘルシーです。さまざまな料理にアレンジしやすい便利な食材なので、ぜひ毎日の献立に入れましょう。ただし豆類は、糖質が多いものもあるので注意を。

RIZAP
POINT!

パーフェクト飲料の豆乳で
ダイエットをサポート

ビタミン群や必須脂肪酸が一緒に摂れる

豆乳は健康面や美容面でたくさんのメリットがある飲みものです。**植物性タンパク質と多くのビタミン群、必須脂肪酸を含み、健康な筋肉や肌の生成を助けます。**また、豆乳に含まれる**サポニンが、脂肪の吸収をおさえる**ので、ダイエット中の飲みものとしてもおすすめ。さらに豆乳に含まれる**オリゴ糖は、腸内の善玉菌を増やす働きがある**ため、体の中からもキレイになれます。

豆乳と牛乳どっちがいいの？

豆乳と牛乳はどっちがいいのか？　ダイエットのことを考えるなら糖質もカロリーも少なく、ビタミンが豊富に含まれる無調整豆乳がおすすめです。ただし、カルシウムは牛乳のほうが多いので、骨粗しょう症を予防したい方には牛乳がおすすめです。

RIZAP POINT!

しなやかボディは大豆プロテインがつくる

女性らしい筋肉をつけよう

大豆プロテインは内側の筋肉を鍛えるときに効果を発揮し、ムキムキの筋肉ではなく、女性らしいしなやかな筋肉をつくるといわれています。**コレステロール値の減少効果も高めるので**、摂るだけでダイエット効果が期待できます。

ライザップオリジナルプロテイン「MUSCLE」

筋肉トレーニング後のリカバリーなどに最適な、分包タイプのプロテインです。腹持ちの良い大豆プロテインがベースになっており、アミノ酸やペプチド、アンセリンなども配合されています。しっかり減量したい方におすすめです。

ライザップオリジナルの低糖質フードオンラインショップ
URL:http://shop.rizap.jp/

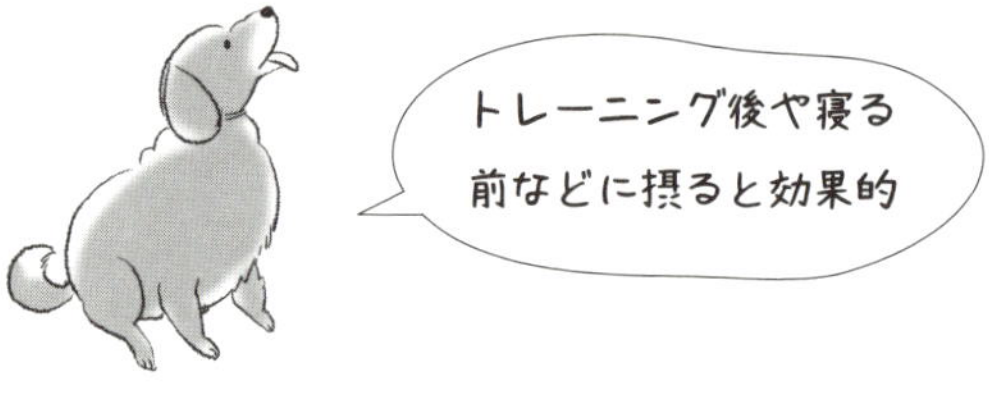
トレーニング後や寝る前などに摂ると効果的

RIZAP POINT!

大豆レシチンでめぐりのいい体を手に入れよう

レシチンで体の中からキレイに

大豆に含まれる**レシチンは、エネルギーを生み出し、脳からの情報を体に伝える神経伝達物質を構成する物質です。**血管の中で長く留まる性質があるため、動脈硬化や高脂血症、心臓病の予防、悪玉コレステロールの抑制、血液内の老廃物を流す「身体の掃除役」となります。めぐりのいい体を保ちたい方におすすめ。

大豆レシチンの効率的な摂り方

大豆レシチンは大豆そのものに多く含まれますが、豆腐や納豆などの加工製品になると若干減ります。効率よく摂るためには、蒸し大豆（p.107）が一番おすすめです。大豆製品で摂るなら、1日に2～3品を食べるようにしましょう。豆腐などはそのまま食べるだけでなく、かさ増し（p.112）に使ったり、ペースト状にしてドレッシングにしたり、牛乳のかわりに豆乳を使うなどするとレパートリーも広がります。

RIZAP POINT!

大豆イソフラボンで女子力を取り戻す

減少した女性ホルモンのかわりに活躍

大豆イソフラボンは体に入ると女性ホルモンのエストロゲンと似た作用をします。そのため、更年期を迎え女性ホルモンが減ってくる時期には欠かせません。その効果は、**張りのある肌やコシのある髪を保つ、薄毛を改善する、ドロドロ血液になるのを予防する、骨質を良くして骨粗しょう症を予防する**など。1日に2〜3品の大豆製品を摂取するように心がけましょう。

大豆イソフラボンを多く含む食品

大豆イソフラボンの1日の摂取量の目安は70〜75mgです。いろいろな製品を組み合わせて飽きない工夫を。

【大豆イソフラボンの含有量の目安】

◎豆腐……1/2丁（200g）＝約40㎎

◎納豆……1パック（40g）＝約35㎎

◎きなこ…大さじ1（10g）＝約10㎎

◎おから…1/2カップ（50g）＝約5㎎

◎無調整豆乳…200ml＝約30〜50g（メーカーによりかわる）

※サプリメントを利用して摂取する場合の目安量は1日30㎎です。

RIZAP POINT!

ダイエット中の最強おやつは「蒸し大豆」

大豆の栄養を効率良く摂り入れる

大豆や大豆製品は、良質なタンパク質が含まれており、さらに低糖質で満腹感も得られるためダイエット中にはおすすめの食材です。その栄養を効率良く摂り入れるには、スーパーやコンビニなどでも買える乾燥大豆を、そのまま蒸しただけの「蒸し大豆」。美容にも効果があります。

蒸し大豆は手づくりでも市販品でもOK

蒸し大豆は、乾燥大豆から手づくりもできますし、「蒸し大豆」で売られている商品もあります。

手づくりする場合は、乾燥大豆を軽く洗った後、水に浸して、丸１日置き火が通りやすくなるまで戻します。圧力鍋か蒸し器に水を張り、蒸し台の上に大豆を広げます。圧力鍋の場合は、火にかけて蒸気が出はじめたら中火で５分程蒸し、火を止め余熱で10分置きます。蒸し器の場合は沸騰したら中火で１時間程蒸します。大豆がやわらかくなれば完成です。

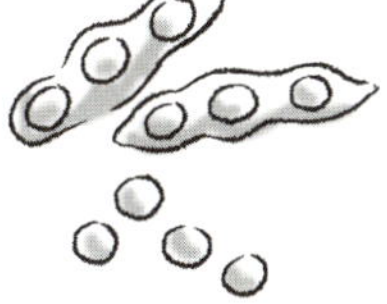

RIZAP POINT!

ダイエット効果もあるみそ汁

低脂質・低カロリーの優秀スープ

ダイエットのお供としてもおすすめのみそ汁。みそには「米みそ」「麦みそ」「豆みそ」「調合みそ」があり、種類によって多少糖質の量が違います。全般的に低カロリーで、栄養豊富な大豆成分を多く含みますが、**低糖質を選ぶなら「豆みそ」や「米みそ」のなかの辛口タイプを。**具材の工夫次第でさらにバランスも良くなるでしょう。

人気の具材の糖質量をチェック！

（100g 中の糖質量）

◎木綿豆腐　1.2g	◎生ワカメ　2.0 g
◎カットワカメ　6.2g	◎タマネギ　7.2g
◎長ネギ　5.8g	◎あさり　0.4g
◎しじみ　4.5g	◎なめこ　1.9g
◎ダイコン　2.7g	◎油揚げ　1.4g

※日本食品標準成分表 2015 年版（七訂）を参考に計算したものです。

RIZAP
POINT!

パワーの出る活動的な「朝みそ汁」とリラックス効果の高い「夜みそ汁」

ライザップ
Recipe

パワーの出る朝みそ汁

【材料（2人分）】

小松菜…1/3束、だし汁…2カップ、ツナ（水煮缶）…1缶（75g）、卵…2個、
みそ…大さじ1と1/3、マヨネーズ…小さじ2、塩…少々

1. 小松菜は3㎝のざく切りにする。
2. 鍋にだし汁を沸かし軽く缶汁を切ったツナ、小松菜を入れる。小松菜がしんなりしたら卵を落としてふたをして、好みの固さになったら、みそをとき完成。

※朝にしっかりタンパク質を摂ると体温が上がり活動的に動けます。小松菜のカルシウム、ツナのDHA、卵のレシチンで記憶力もアップ！

リラックスできる夜みそ汁

【材料（2人分）】

豚バラ薄切り肉…80g、ホウレンソウ…1/3束、シメジ…1/2パック
だし汁…2カップ、ショウガのすりおろし…小さじ1/2、みそ…大さじ1と1/3

1. 豚肉は一口大に切る。ホウレンソウは3㎝のざく切りにしてラップに包み600Wの電子レンジで1分～1分30秒加熱し水にさらす。シメジは石突きを落とし小房に分ける。
2. 鍋にだし汁を沸かし、豚肉、シメジを入れる。豚肉に火が通ったら水気を絞ったホウレンソウ、ショウガを入れサッと煮てみそをとき入れ完成。

※シメジの食物繊維は副交感神経を優位にする効果が。豚バラ肉とホウレンソウ、みそに含まれるトリプトファンはセロトニンをつくってくれるので精神が安定。ショウガの温め成分もプラスされ、よりリラックスできます。

RIZAP POINT!

がっつり食べても OK な「油揚げサンドイッチ」

ライザップ Recipe

トマトの糖質が気になるなら、入れなくても OK

ツナサラダサンドイッチ

【材料（2 人分）】

油揚げ…2 枚、キュウリ…1 本、ツナ缶（オイル漬け）…1 缶、アボカド…1/3 個、トマト…1/3 個、マヨネーズ…小さじ 2、塩…少々

1. 油揚げを横にして上 1cm程度を切り落とし、袋状に開く。切れ端は袋の中に入れ、フライパンかオーブントースターでカリッとなるまで焼く。
2. せん切りのキュウリに塩をまぶし 5 分置く。缶汁を切ったツナにマヨネーズ、塩を加えてあえる。アボカドは 1cm幅の薄切り、トマトは 1cm幅の輪切りにして半分に切る。
3. 2 を 1 の油揚げに詰めて完成。

食パンのかわりに低糖質の油揚げを

具だくさんのサンドイッチは、見た目もボリュームも満足できる1品ですが、低糖質食を実践している方にとって食パンは避けたい食材です。そこでパンのかわりに油揚げを使う「油揚げサンドイッチ」がおすすめ。**油揚げの糖質は1枚0.3g。これならモリモリ食べても大丈夫です。**

RIZAP POINT!

スーパータンパク質の高野豆腐を食べる

豆腐より優秀なタンパク質量

高野豆腐は、木綿豆腐を凍らせた後に乾燥させたもので、さまざまな栄養素がギュッと凝縮しています。特に**タンパク質量は肉、魚、卵、大豆製品の中でも断トツでトップ。**さらに**肥満を予防する大豆サポニンやビタミンE、カルシウム、マグネシウム、鉄、食物繊維、亜鉛など、健康や美容に必要な栄養素がたっぷり**の優秀食材です。

高野豆腐の上手な使い方

高野豆腐は水戻しせずに、沸騰させただし汁や煮汁にそのまま入れて煮込みます。お湯だけで煮ると煮崩れしやすいので、塩やしょうゆなどを入れてから煮込むのがコツ。煮込み料理にしない場合は、熱湯で戻すとぷるっとした食感になり、食べやすくなります。

戻した高野豆腐の
水けを切って、
カリッと焼いても
おいしいですよ

RIZAP POINT!

満足感が増す豆腐のかさ増しレシピ

ヘルシーなのにボリュームアップ

良質なタンパク質をはじめ、さまざまな栄養素を含む豆腐は、毎日の献立に入れたい食材。サラダや冷やっこなどワンパターンに陥ったら、ハンバーグやそぼろなどの、**かさ増しレシピに利用してみましょう。**

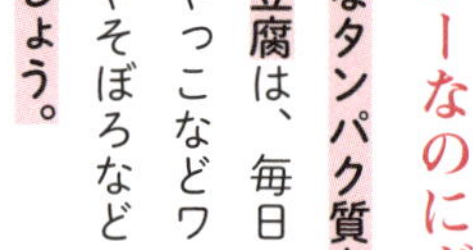

ライザップ Recipe

肉のボリュームがアップしたような満足感に

ピリ辛豆腐そぼろのレタス包み

【材料（2人分）】

レタス…適量、ニンニク・ショウガ…各1かけ分、長ネギ…5㎝、豚ひき肉…150g、木綿豆腐…1/2丁、ゴマ油…大さじ1/2、豆板醤…小さじ1/2、みそ…大さじ1、しょうゆ…小さじ1、甘味料…小さじ1/2

1. レタスは1枚ずつはがして洗い、水けをきる。
2. フライパンにゴマ油をひき、みじん切りにしたニンニク、ショウガ、長ネギ、豆板醤を入れて弱火にかける。
3. 香りが出たら中火にし、ひき肉を炒める。色が変わったら豆腐を加えて木べらで軽く潰すようにして炒め、みそ、しょうゆ、甘味料を加えて汁けがなくなるまで炒める。
4. お皿にとり、レタスに包んでいただく。

RIZAP POINT!

キムチ納豆でやせ効果アップ！

手軽につくれて効果大！

キムチは韓国の伝統的な発酵食品です。つくるときに使う大量のトウガラシには、**脂肪燃焼効果があるカプサイシンが大量に含まれます。**さらに**乳酸菌も含まれるので、腸内環境を整える効果も。**また納豆も日本の伝統的な発酵食品。**低カロリー、高タンパクでダイエット向き**です。納豆菌は、キムチ納豆にすると相互作用で効果がアップ。便秘の改善も期待できます。

キムチ納豆のつくり方

キムチと納豆を１：１で、混ぜ合わせます。乳酸菌と納豆菌は一晩冷蔵庫で寝かせると、働きが活発になるので、前の晩に仕込んでおいて、翌日の朝食に食べるのもおすすめ。納豆菌は、乳酸菌などの有用菌の増殖、腸内有害菌の抑制効果があるため、腸内細菌のバランスを整えます。さらに胃酸に強いので、胃酸に弱い乳酸菌を一緒に摂ると、納豆菌が乳酸菌をサポートして腸内まで届きます。

ガン予防効果、
動脈硬化の予防効果
も期待できます

工夫して使いたい調味料と油脂

調味料

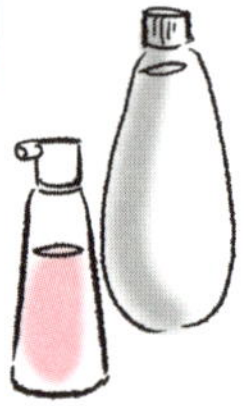

油脂

調味料も砂糖、ケチャップ、ソースなど糖質が多いものは避けましょう。シンプルな料理の場合、同じような味では飽きてしまうので、使える調味料で楽しく食事ができるように工夫を。また、油脂類は美容効果があるので、摂ってもいい種類の油や、上手な摂り方を覚えておくといいでしょう。

RIZAP POINT!

調味料は賢く活用して うまみアップ

低糖質の調味料を覚えておこう

低糖質食を実践する場合は、焼く、ゆでる、蒸すなどのシンプルな調理法がおすすめ。だからこそ**低糖質の調味料を上手に使って、飽きのこない料理**にしましょう。**香辛料や乾物などを上手に使うと風味もアップ**します。

おすすめの調味料

●基本の調味料
- 天然塩
- ハーブソルト
- しょうゆ
- 酢
- 辛口みそ
- マヨネーズ
- ゴマ油
- オリーブオイル
- バター

●香辛料
- からし
- わさび
- 粒マスタード
- ショウガ
- ニンニク
- カレー粉
- コショウ
- トウガラシ
- 豆板醤

●乾物など
- 焼きのり
- 桜エビ
- 梅干し
- いりゴマ
- 青のり
- 塩こんぶ
- かつお節

高糖質は砂糖、焼き肉のタレ、中濃ソース、ケチャップです

RIZAP POINT!

組み合わせで楽しむ味のバリエーション

味覚の世界を広げて

せっかく始めたダイエットでもシンプルな料理で自分好みの味ばかりだと、飽きてしまい、挫折の原因に。**組み合わせの工夫で味覚の世界を広げる**のが、ダイエットを楽しく長続きさせるコツ。

味のバリエーション例

◎しょうゆ＋わさび＋焼きのり
→さしみに！

◎マヨネーズ＋カレー粉→肉・魚料理に！

◎カレー粉＋いりゴマ→野菜のあえものに！

◎しょうゆ＋酢＋ショウガ＋オリーブオイル
→サラダなどに！

◎天然塩＋粒マスタード
→肉・野菜のソースとして！

p.115の調味料、香辛料や乾物などは組み合わせしだいでコクが出たり、うまみがアップすることも。上記なども参考に自分なりの味を見つけてみましょう

RIZAP POINT!

太りにくい油を適量摂れば美容効果も

油は体をつくる力も

油は摂り過ぎると肥満や脂質異常症を引き起こしますが、体づくりに大切な栄養素です。**油（脂肪酸）には飽和脂肪酸と不飽和脂肪酸があり、太りにくいのは不飽和脂肪酸です。植物油や魚介類の油で、余分な脂肪やコレステロールを減らす働きがあります。**さらに排便を助ける、皮ふの潤いを保つ、体温維持や内臓の保護などの働きもあるので、摂り過ぎず、不足し過ぎず、適量を摂りましょう。基本的には肉や魚、野菜をおいしく食べるための調味料として使う程度が適量です。

カロリーの比較

オリーブオイル大さじ２⇨約220kcal
ごはん１杯（140g）⇨約235kcal
食パン６枚切り１枚（60g）⇨約158kcal

摂り過ぎは
気をつけて！

オリーブオイル

カロリーが高いことは
覚えておき
加減しましょう

RIZAP POINT!

健康効果のあるオイルを摂ろう

オイルの中にも健康にいい脂肪酸を含むものがいっぱい！

◎オリーブオイル…血中のコレステロールを排除

動脈硬化の予防にもなる、血中コレステロールを取りのぞくオレイン酸を多く含みます。胃酸をコントロールする効果も。

◎アマニ油…花粉症対策に効果的

αリノレン酸という脂肪酸を含み、体内に入るとDHAやEPAに変化。シミ予防、美肌効果、脳の活性化など、さまざまな効果があります。

◎ココナッツオイル…脂肪燃焼効果があるオイル

エネルギーになりやすく太りにくい中鎖脂肪酸が多く、脂肪燃焼効果もあるため、運動する前に摂ると効果的です。

◎エゴマ油…美肌効果や血糖値を下げる働きが

アマニ油同様、αリノレン酸という脂肪酸を含みます。さらに血糖値を下げ、血液サラサラにするロズマリン酸を含みます。

ダイエット中もお酒と上手につき合いたい

ダイエット中でもできればお酒を飲みたいもの。基本的に低糖質食を実践中は、焼酎やウイスキーなどの蒸留酒を選びましょう。醸造酒を飲みたいときは、低糖質のワインがおすすめです。

1 お酒の選び方

基本的には糖質ゼロの焼酎やウイスキーなどの蒸留酒を選びましょう。ビール 350ml 缶では糖質量が約 10.9g に、日本酒 1 合（180ml）では約 6.5 g になります。また、チューハイやカクテルなど甘みがあるものは、糖質が高いものが多いのでひかえましょう。

2 ワイン選びのポイント

低糖質のワインを選ぶなら赤ワインを。白ワインより糖質は低めで、しかもポリフェノールを豊富に含むため、血糖値を下げる効果があります。さらに絞り込むと、辛口のものがいいでしょう。甘口のものは熟成の後、糖質を足してある場合もあるからです。

3 1 食で 1 ～ 2 杯程度を目安に

低糖質のものを選んでも、飲み過ぎは厳禁です。ワイン 100ml あたりの糖質量は、白ワインで 2g、赤ワインで 3.8 g がおおよその目安。1 杯の目安量は 125ml なので 2 杯飲むと、糖質量は白ワインで 5g、赤ワインで 3.75g になります。ダイエット中は糖質をひかえたいので、ワイン 1 ～ 2 杯程度にしましょう。

おつまみはチーズなどのタンパク質やサラダなどがおすすめ。

サポートシステムが万全！
ライザップってどんなところ？

part 2

一緒に頑張ってくれるライザップのトレーナーや
心強いサポートシステムを紹介します。

二人三脚で寄り添う トレーナーの存在で頑張れる

ライザップのトレーナーは採用率3.2%を突破した精鋭たち。研修では最低147時間ものカリキュラムを受け、専門知識を身につけます。内容はトレーニング、メンタルケア、生理学、栄養学、心理学にまでおよびます。体の仕組みから救急救命の方法・メンタル面をケアする知識も万全。目標を共有するパートナーとなるべくあらゆる知識を学んでいます。

栄養サポートセンターや コールセンターのサービス、 提携医療機関155以上との連携が心強い

ライザップでは、専属トレーナーだけでなく管理栄養士にいつでも相談できる栄養サポートセンターや、入会前や入会後のシステムや疑問点、困ったことを相談できるコールセンターも完備。さらに健康に不安がある場合や健康状態の変化、持病を持つ場合も相談できる155以上の提携医療機関との連携も充実。また、ライザップに通う医師は現在1000名以上。医学的にも有効的なメソッドであることを実感する声も多く届いています。

第3章

大人女子のマイナートラブルをライザップ流に改善する

病院に行くほどではない体のマイナートラブル。
少しでも自分で緩和できる方法があるなら
実践したいものです。
ライザップ流の改善ノウハウを紹介します。

トレーニング　食事

肌の張りを取り戻したい

RIZAP POINT!

筋トレ、たっぷりの睡眠、
豚肉や豆腐に含まれる
ビタミンA・B群の摂取で、
肌の張りを取り戻せます！

memo

- 筋肉トレーニング
- たっぷりの睡眠
- 豚肉、うなぎ、マグロ、サンマ、豆腐など

美肌は筋肉トレーニングと睡眠、ビタミンの摂取がカギ。

筋トレで細胞を活性化

年齢とともになくなる肌の張り、そして気になってくるたるみ……。実は筋肉トレーニングと睡眠、食べもので取り戻すことができます。

筋肉トレーニングが効果的な理由は、**筋肉をつくることで成長ホルモンの分泌を促し、肌を活性化することができるから。**加えて大切なのが睡眠で、**成長ホルモンは寝ている間に力を発揮し、新しい細胞をつくり出す働きをします。**この細胞をつくる仕組みが正常なサイクルで働いていれば、いつまでも張りのある肌を保てるのです。

必要な栄養素はビタミンAとB群

皮ふや粘膜の健康維持のために必要なのはビタミンAとB_1・B_2・B_6。これらをしっかり摂ることで、健康的な肌がつくれます。ビタミンAやB_2が多く含まれている食材は、豚や鶏のレバー、うなぎ。ビタミンB_1は豚肉やうなぎ、B_6はマグロ、サンマ、豆腐や納豆に多く含まれます。毎日うなぎ、というわけにはいきませんが、豚肉や豆腐、納豆は積極的に摂ることを心がけましょう。

体質改善　食事

カサカサお肌とさよならしたい！

RIZAP POINT!

日々のスキンケアはもちろん、
適度な脂質と
寝る前のビタミンCが、
肌の潤いを保ちます。

memo

- ブロッコリー、モロヘイヤ、ピーマン
- 魚　・食物油
- サプリメントは寝る前に

ビタミンCと適量の脂質で潤いのあるお肌をキープ。

ビタミンCを積極的に摂って

肌の保湿力は、残念なことに年齢とともに低下し、しわやたるみにも影響を与えてしまいます。乾燥を防ぐための日々のスキンケアはもちろんですが、**肌の潤いを保つうえで欠かせないのは、ビタミンCを摂る**こと。ビタミンCは果物や緑黄色野菜に多く含まれますが、低糖質食を行っている場合には、果物はひかえたいため、野菜で補いましょう。おすすめは**ブロッコリーやモロヘイヤ、ピーマン**など。ビタミンCは熱に弱いため、スープなどに入れて、汁に出た栄養ごと摂るのがベスト。サプリメントを利用するときは、寝る前に飲むのが効果的です。

不飽和脂肪酸は美肌のもと

肌のかさつきは、脂質不足が原因になることもあります。脂質＝太ると考えがちですが、**脂質は肌の美しさを保つためには欠かせません。**不飽和脂肪酸が多く含まれている、**魚や植物油は保湿効果が高いのでおすすめ**です。主菜を魚にしたり、サラダにドレッシングやマヨネーズをかけて食べることで、適度な脂質を摂ることができます。

体質改善　食事

食後のだるさや眠さを解消したい

RIZAP POINT!

食べる順番を工夫すると、
血糖値の上昇が
ゆるやかになります。
太りにくい体にも！

血糖値をゆるやかに上げる食事の順番

1 野菜類
葉ものを中心としたサラダなど

2 汁もの
豆腐やワカメ、ネギなどの入ったみそ汁やスープなど

ここまでである程度の満足感を

3 主菜
タンパク質を中心にしたおかず

4 主食
なしでもOK。食べる場合は少量に

炭水化物を最後に食べると血糖値の上昇がゆるやかに

体内が消化活動に集中するため だるくなる

食後は、食べたものを消化するために、内臓の活動が活発になります。血流も消化活動に集中するので、だるくなったり眠くなったりするのです。これはある意味、自然な流れです。

また食事をすると血糖値が上昇し、すい臓からインスリンというホルモンが分泌されます。インスリンには、血液中のブドウ糖を肝臓に移動させて、血糖値を下げるという働きがあります。急激に血糖値が上昇すると、大量にインスリンが分泌され、ぼーっとしたり、だるくなったりの症状を起こすのです。さらにこの状態を繰り返していると、すい臓を疲れさせ、糖尿病のリスクを高めます。

そうならないためには、できるだけ**「ゆるやかに血糖値を上げる」ようにすることが大切。**血糖値をゆるやかに上げるためには、**食べる順番を野菜類↓汁もの↓主菜↓主食にします。**太りにくい体づくりにもつながる食べ方なので、ぜひ実践しましょう。

体質改善　食事

朝、顔がむくみます

RIZAP POINT!

夜の塩分摂取をひかえて、
ブロッコリーやホウレンソウから
カリウムを摂りましょう。
サプリメントを利用しても。

memo

・ブロッコリー、ホウレンソウを摂る
・サプリメントを飲んでも OK

カリウムを摂取して、体内の塩分濃度の調整を。

塩分を摂り過ぎるとむくみやすい

朝起きると、顔がむくんでいる。その原因は、前日の夜に塩分の多い食事をして、水分をたくさん摂ったことが考えられます。

塩分は体内でナトリウムという成分になって摂り込まれます。そしてカリウムという成分が体内のナトリウム濃度を正常に保つ作用をしています。塩分を摂り過ぎると、このバランスが崩れ、血液中のナトリウム濃度が上昇し、どんどん水分を取り込もうとします。その結果、血液が増えて血管が膨張して血圧が上がり、毛細血管から水分がしみだして「むくみ」が生じるというわけです。

カリウムが豊富なブロッコリーを

「塩分を摂り過ぎた」と思ったら、**カリウムを摂取しましょう。**カリウムは過剰に摂り過ぎた塩分を体外に排泄し、**塩分濃度を調整します。**カリウムが豊富な食材は、ブロッコリーやホウレンソウです。むくみがひどいときは、サプリメントを利用してもいいでしょう。

食事　トレーニング

夕方の足のむくみを何とかしたい！

RIZAP POINT!

筋肉の老化や塩分の摂取が原因。
足を動かして、
筋肉をほぐしてあげましょう。
塩分はひかえめに。

足首を右回し、
左回しと
行いましょう
ぐるぐる

屈伸や足首を回して、筋肉をほぐしてあげることが大切。

筋肉の衰えでむくみやすいことも

夕方の足のむくみは、血行を促進するふくらはぎの筋肉の衰え、塩分の摂り過ぎによって起こる場合があります。

筋肉は年齢とともに落ちやすくなるので、運動嫌いで足の筋肉を使わないと、ますます筋力が低下します。普段からよく歩いたり、軽い運動をしたりして、筋肉を動かすことを習慣にするのが大切です。夕方のむくみが気になるときは、**屈伸をしたり、足首を回したりして、筋肉をほぐしてあげましょう。**お風呂で体を温めながら、ふくらはぎをマッサージするのも有効です。

塩分ひかえめ、カリウム多めの食生活を

また塩分を多く摂取したことで、過剰に水分を摂り過ぎて、むくんでいることも（p.129）。**塩分をひかえた食生活をするのはもちろんですが、外食などで摂り過ぎてしまったときは、塩分を排泄する作用のあるカリウムの摂取を心がけて。**

ただし、水分が不足しても老廃物がたまりやすくなり、むくみの原因になります。適度な水分補給は忘れずに。

食事　ストレッチ

指輪をするっと外したい！

RIZAP POINT!

手首や肩を回して血流を良くし、
飲酒、塩分をひかえ
むくみを解消しましょう。
カリウムを摂るのも◎。

memo

- 手首や肩を回す
- お酒を飲み過ぎない
- 塩分ひかえめの食事

温めて、血流を良くすることでむくみも改善。

肩甲骨も動かすように、腕を大きく回しましょう。

指の使い過ぎやお酒を飲んだ後はむくみやすい

指は体の末端にあるため、血行不良が起こりやすく、むくみやすい場所です。普段は気づきにくく、指輪が抜けなくなったり、握りこぶしをつくったときに違和感があって気づいたりします。原因は、疲労物質の蓄積や飲酒、塩分の摂り過ぎによって血管が膨張し、その血管から水分がしみだしたことなどです。指がむくみやすい方は、手の使い過ぎやお酒の飲み過ぎに気をつけ、食生活を見直しましょう。

血流を良くしたり、カリウムを積極的に摂取

むくみは、血流を良くすることで解消します。**手首を回したり、肩を回したりするだけでも効果があります。**また、**指先を温めることもおすすめ。**洗面器などに40度ほどのお湯を張り、手を入れて10〜15分ほどつけたままの状態に。血流が改善され、老廃物が流れてすっきりします。

また塩分の排出効果があるカリウムを摂取するようにしましょう（p.129）。

睡眠　タンパク質

快眠を手に入れたい！

RIZAP POINT!

快眠に大切なホルモン、
メラトニンやセロトニンを
しっかり出すために、
タンパク質、ビタミンB_6の摂取を。

快眠のために摂りたいもの

トリプトファンからセロトニンを
つくるときに必要

ビタミンB_6

◎ニンニク
◎鶏肉
◎レバー
◎マグロ
◎カツオ

トリプトファンが多い

タンパク質

◎牛肉（レバー）　◎豚肉（ロース）
◎鶏肉（むね、ひき肉、もも）
◎カツオ　**◎マグロ**　◎アジ
◎油揚げ　◎納豆　◎アーモンド
◎牛乳　◎チーズ　◎ヨーグルト

ポイント　どちらも含まれる鶏肉やレバー、マグロやカツオをこまめに食べると快眠につながります。

睡眠に大切なのはホルモン

個人差はあるようですが、加齢により睡眠の質がかわることがあるようです。快眠のポイントは、**眠るときに大切な睡眠ホルモンのメラトニンと、セロトニンを出せるようにすること。**

メラトニンとは午後10時以降に分泌が増えてくるホルモンで、血圧や体温を下げて体の活動をおさえ、快眠へといざなう役割をします。不足すると眠りを妨げたり、体内時計をくるわせます。

セロトニンは朝から分泌がはじまり、夜になると脳の興奮状態をおさえてリラックス状態に導くホルモンです。セロトニンが不足すると、興奮状態が続いて寝つけなかったり、眠りについてもすぐに目が覚めてしまうことがあります。

タンパク質をしっかり摂る

睡眠ホルモンは、タンパク質に含まれる必須アミノ酸の一つ、**トリプトファンからつくられます。**トリプトファンからセロトニンを生成するときに**必要なのはビタミンB_6**なので、タンパク質と合わせて摂るようにしましょう。

睡眠　メンタル

昨日の疲れを残したくない！

RIZAP POINT!

ストレスを解消し、夕食を早めに。
質のいい睡眠を
得ることが大切です。
ビタミンＣの摂取も効果的。

質のいい睡眠を得るためにしたいこと

1
食事は寝る
2〜3時間前に
すます。

2
ストレスは解消して
おく。ビタミンCを
多めに摂ると◎

3
睡眠ホルモン（p.135）が
出なくなるため、寝る直前に
スマホなどの光を
浴びない。

4
寝る時間を決め、
規則正しい生活を
送る。

疲れを取る一番の方法は睡眠

寝ても休憩しても疲れがなかなか取れない、ということはありませんか？　それは、質のいい睡眠が取れていないからかもしれません。**疲れを取るには、夜、ぐっすり寝ることが一番**なのですが、寝つきが悪かったり、眠りが浅いと、朝起きても疲れが残っていることがあります。

質のいい睡眠のためにできること

質のいい睡眠を得るために、まず寝る2〜3時間前には食事をすませましょう。寝る直前に食べると、眠っているときに内臓で消化活動が行われるので眠りの質を下げてしまいます。また、体は体温が下がることで睡眠モードに入ります。食べることで体温が上がってしまうと、寝つきが悪くなる原因に。

ストレスを抱えたまま寝るのも良くありません。自分なりの解消法を見つけるのはもちろんですが、**ビタミンCでストレスへの抵抗力をつけることができます。**寝る前にサプリを摂取すれば、快眠にもお肌にも効果的です。

体質改善　食事

ほてり、のぼせ、かんべんして！

RIZAP POINT!

更年期の症状の一つかも。
イソフラボンを多めに摂ると、
症状が和らぎます。
水分も多めに摂ってください。

イソフラボンを多く含む食材

- ○大豆
- ○きなこ
- ○豆腐
- ○高野豆腐
- ○おから
- ○油揚げ
- ○納豆
- ○みそ
- ○豆乳

エストロゲンの低下によって起こる

40～50代は更年期障害が気になる年齢。特に症状の一つ、ほてりやのぼせは、いつ起こるかわからないので、困っている方も多いのではないでしょうか。

原因ははっきりとわかっていませんが、卵巣から分泌される女性ホルモン、エストロゲンの作用によるといわれています。加齢でエストロゲンが低下すると、体温調節機能が敏感になり、血流を増加させ体温を上げてしまいます。それがほてりやのぼせの症状になると考えられています。

イソフラボンと水分補給が効果的

エストロゲンの低下が原因とされる症状には、**イソフラボンを摂るのが効果的**といわれています。**イソフラボンは植物性エストロゲン**ともいわれ、エストロゲンと科学的骨格が似ていて、同じような働きをすると考えられているからです。そのため、**イソフラボンを含む食材を多く摂っている人は、更年期症状が出ることが少ないという報告も。**

水分をこまめに摂って、血行を良くすることも大事です。

トレーニング　タンパク質

颯爽と階段を上りたい！

RIZAP
POINT!

ダイエットで脂肪のおもりを取り、
筋肉トレーニングとタンパク質摂取で
体力を取り戻しましょう。
貧血ぎみの人は鉄分摂取を。

タンパク質が多い食材

肉（豚肉、鶏肉、牛肉など）
魚（サケ、サバ、アジなど）
大豆、大豆製品（納豆、豆腐）
卵など

鉄分が多い食材

鉄分には吸収されやすいものと吸収されにくいものがありますが、どちらもまんべんなく摂るのがおすすめです。
吸収されやすいもの…赤身の肉、魚など
吸収されにくいもの…ひじき、ホウレンソウなど

原因は体重増加や筋力の低下

年齢とともに階段を上るのがきつくなって、すぐに息切れするようになったという人も多いのでは？　原因は、筋力の低下や体重の増加、貧血などが考えられます。

筋力は年齢とともに自然に低下し、さらに使わないでいると加速して落ちていきます。運動などで改善しないと、足を上げる動作さえもつらくなってしまうことも。

また、以前よりも体重が増加しているのであれば、その分の重さが、体の負担になっているのかもしれません。脂肪がおもりになってしまっているということです。貧血ぎみの人は、動くと体の中の酸素がいっそう減ってしまうため、疲れやすくなります。

筋トレとタンパク質、鉄分摂取を

最良の改善策は、**筋肉トレーニングとタンパク質の摂取で筋肉をつけることです。**筋肉がつくと基礎代謝が上がり、余分な脂肪が落ちて体力もつきます。**貧血ぎみの人は、さらに、鉄分の多い食材を積極的に摂るようにします。**

体質改善　食事

胃がすぐにもたれる

RIZAP POINT!

まず、食生活の見直しを。
やわらかく温かいものを食べて、
消化機能の回復を。
酸味のあるものも効果的です。

おすすめの酸味のある食べもの

胃が刺激され、胃酸の分泌が促されます

- **モズク酢やマリネ**
- **唐揚げや焼き魚にレモンをかける**
- **レモンの入った水を食事中に飲む**

食べ方の工夫

胃に負担のかからない食べ方を習慣にします

- **早食い、食べ過ぎは避ける**
- **ゆっくり、よく噛んで食べる**
- **腹八分目を心がける**

脂ものやアルコールの摂り過ぎは胃腸に負担をかける

年齢とともに胃酸の分泌や、ぜん動運動が弱ってくるため、消化機能は自然に低下します。そのため、食べものが消化されにくくなり体調をくずしたり、胃もたれしやすくなったりします。特に脂質の多いものやアルコールは、胃腸に負担をかけます。ある程度の年齢になったら、**胃腸をいたわる食生活に変えていくことが大切です。**

消化しやすい食べものと酸味のあるものを摂取

胃腸への負担を減らすためには、**食べものや食べ方の工夫が大切。**食べものは、脂質の多いものやアルコールをひかえるのはもちろん、やわらかく温かいもの、消化のいいものを選びましょう。**胃酸の分泌を促すためには、酸味のあるものを摂取**することもおすすめ。一度に大量の食べものが胃に入るのは負担がかかるので、**早食いや食べ過ぎを避け、「ゆっくりよく噛み、腹八分目」**を習慣にするといいでしょう。

便秘　食事

快便体質になりたい

RIZAP POINT!

**水分や食物繊維、ヨーグルトや
みそなどの発酵食品を
積極的に摂って、
腸内環境を整えましょう。**

快便体質を手に入れるカギ

1 水分補給

1日の水分補給の目安は1.5リットルです。朝と食事前の水や白湯の1杯はおすすめ。朝は眠っていた胃腸を起こし、食事前は満腹中枢を刺激して、食べる量も減ります

2 食物繊維を摂る

水溶性と不溶性の食物繊維をバランス良く摂るのがおすすめ

水溶性食物繊維が多い食材…海そう類

不溶性食物繊維が多い食材…キノコ類

3 善玉菌を増やす

善玉菌を増やす食材を摂ることは効果的ですが、善玉菌は胃酸や胆汁酸に弱いので、生きたまま腸に届けることが大切です

ヨーグルト…「生きたまま腸まで届く乳酸菌配合」などの表記があるものがおすすめ

みそや漬物などの発酵食品…生きたまま腸に届く可能性が高いといわれています

オリゴ糖と食物繊維…善玉菌の栄養となります

便秘は腹筋の弱さや水分不足が原因

便秘は加齢による筋力の低下でも起こるといわれています。特に腹筋が弱い人は、腸が下がり便秘がちになります。また、低糖質食を行っている場合、水分摂取量が減って便秘になることも。主食のごはんは、米にたっぷり水を吸わせて炊き上げるので、食べるだけで水分補給になりますが、ごはんをひかえると、その分の水分摂取がありません。**意識的な水分補給が必要になります。**

快便体質には食物繊維と善玉菌

排便を促すには**食物繊維の摂取も大切です。**食物繊維には水溶性と不溶性があり、**水溶性は食べたものをゲル状にして進みやすくし、不溶性は大腸を刺激し、ぜん動運動を活発にして排便につなげます。**そのため、どちらの食物繊維も快便には必要になります。

さらに、**腸内環境を整えるために必要なのは善玉菌です。**善玉菌は腸内細菌の一つで、食べものの消化・吸収を助けたり腸内環境を整えて、便秘や下痢を防ぎます。

体質改善　食事

風邪体質とおさらばしたい

RIZAP POINT!

ビタミンCと
緑茶のカテキン効果で、
体の免疫力をアップさせましょう！
緑茶でうがいをするのも効果的。

風邪予防に摂りたい！

水分

ウイルスは乾燥すると活発に。15分おきぐらいに水分を１～２口飲むのは風邪予防に効果的。

ビタミンC

ビタミンCを含む食材としては、ブロッコリーやモロヘイヤ、ピーマンなどがおすすめです。

お茶

カテキンを多く含むお茶は煎茶や番茶。ウーロン茶や紅茶にも含まれますが量は少ないです。

免疫力の低下が原因に

風邪をひきやすいのは、免疫力が低下しているからかもしれません。免疫力とは、細菌やウイルスなどの異物（抗原）が体内に入ってきたときに、抵抗する物質（抗体）をつくって守る力のこと。免疫力アップには、**ビタミンCの摂取がおすすめです。免疫力を高め、ウイルスの力を弱めます。**

また、**緑茶もおすすめ。**水分補給にもなり、**緑茶に含まれるカテキンには殺菌作用があり、細菌から体を守る働きをします。**一気にたくさん飲むよりも、1~2口ずつこまめに飲むほうが、のどの保湿にもなります。

外から帰ってきたら手洗いも忘れずに

風邪予防は基本的に体内にウイルスを取り込まないことが大切。いろいろな人と触れ合う機会のある外出は、ウイルスに感染しやすいといえます。そのため、外から帰ってきたら、**うがいや石けんを使っての手洗いを習慣にしましょう。**

このときに、緑茶でうがいをするのも感染予防に効果的です。

体質改善　食事

生理痛とおさらばしたい

RIZAP POINT!

ショウガなどの体を温める食材や、
ナッツ類に含まれる
ビタミンEを摂りましょう。
適度な運動も大事。

生理痛を予防するポイント

1 適度な運動

階段を使ったり、歩いたりする機会を増やす

2 冷えない食材を摂る

ショウガ、鶏肉、みそやしょうゆなどの
発酵食品を摂る

3 ビタミンEを摂る

アーモンドやヘーゼルナッツなどのナッツ類
植物油、アボカドを摂る

体が冷えていると生理が重くなる

生理痛は血行が悪いと起こりやすいといわれています。血行も年齢とともに悪くなる傾向がありますが、年齢に関係なく血行不良を引き起こす要因が「冷え」です。冷たいものを頻繁に摂るなどの食生活の影響や、運動不足による筋力の低下が原因になっていることが多いので、注意しましょう。

運動を取り入れ、冷えない食生活を

運動は日常生活に取り入れやすいものを続けるのがおすすめ。生理痛予防には下半身の血行を良くするのがいいので、**エスカレーターではなく階段を使う、買いものは歩きや自転車で行くなど、下半身の筋力をつくる動作を心がけましょう。**

食生活では、**体を温めるショウガや鶏肉を積極的に食べるのはもちろんですが、**毛細血管を広げて**血行を良くする栄養素、ビタミンEを摂る**ことも大切。抗酸化作用や細胞の老化を防ぐ働きもあります。アーモンドなどのナッツ類、植物油、アボカドなどに多く含まれています。

お風呂上がりに体が喜ぶ水分補給を

お風呂上がりの水分補給はとても大切ですが、そのときに何を飲むのが一番いいのでしょうか？　夏はビール！なんていう方もいると思いますが、健康のことを考えて飲みものを選びましょう。おすすめの飲みものやNGの飲みものをご紹介します。

1 定番だったお風呂上がりの牛乳、その効果は？

温泉や銭湯では必ずといっていいほど目にする牛乳。入浴後に冷たい牛乳を飲み干すシーンは、ドラマなどでもよく見かけます。実はこれ、体にいいわけではありません。牛乳が悪いのではなく、お風呂上がりに冷たいものを飲むのが問題。せっかく温まった体を内側から冷やすことになり、お風呂で上がった代謝を下げてしまうことになります。

入浴後の冷たい飲みものは、やせ体質づくりのマイナスに！

2 温かいものか常温の飲みものを

入浴後は、のどが渇いたと実感がなくても、水分不足になっていることが多いので、素早く飲めて体を冷やさない飲みものを摂りましょう。

◎白湯（p.30）
いったん沸騰させて50度程度に冷ましたお湯は、体に吸収されやすく胃腸を冷やしません。

◎常温の水
ミネラルウォーターなど市販の水は、冷やしていない常温のものを飲むようにしましょう。

◎温かいハーブティー
温かいハーブティーは、入浴後や就寝前の体を冷やさないだけでなく、体の緊張を解いてリラックスさせる効果もあります。ローズヒップや緑茶はビタミンを含むので、美容のためにも効果的です（ただ緑茶は飲み過ぎると体を冷やしやすいので、少量にしておきましょう）。

3 甘い飲みものやアルコールはNG

入浴後に避けたい飲みものは、冷たいものやジュースなどの甘いもの、アルコール類です。特に乾いた体に糖分の多いジュースを摂り込むと血糖値が上がってしまい、血液がドロドロになってしまうことも。またアルコール類は水分補給にはならず、むしろ体内から水分を奪ってしまうため、甘いものと同様に血液がドロドロになるリスクを高めます。入浴後のアルコールは高血圧になりやすいともいわれています。

体質改善　食事

更年期のせい？
大量の汗を何とかしたい

RIZAP POINT!

緊張状態が続くときは
マグネシウムを。
更年期にはイソフラボンを
摂りましょう。

緊張を緩和させたいなら！

マグネシウムが豊富な食材

○ホウレンソウ、小松菜などの葉野菜
○ゴマ

更年期の症状なら！

大豆イソフラボンが多い食材

○きなこ　○豆腐　○高野豆腐
○おから　○油揚げ　○納豆
○みそ　○豆乳

緊張状態や更年期が原因

人は、汗を体の表面から蒸発させることで熱を逃し、体温を一定に保ちます。皮ふが体の外側の温度を、脳（視床下部）が内側の温度を感知するセンサーとなり、その情報で体の温度を下げる必要があれば、脳は自律神経の一つである交感神経を働かせ、汗腺からの発汗を促します。

しかし、ストレスや緊張状態などにより交感神経が過剰に反応すると、大量に汗が出ることがあります。また、40～50代の女性は、発汗をおさえる作用がある女性ホルモンが減るために、更年期の症状の一つとして、大量の汗をかくことがあります。

緊張状態にはマグネシウムを更年期にはイソフラボンを摂ろう

体温調節以外の汗は、要因によって対策が異なります。**緊張状態が原因で汗が出る場合は、マグネシウムの摂取がおすすめ。**神経活動を安定させる働きがあります。**更年期が原因の場合は、女性ホルモンのエストロゲンと似た働きをする、大豆イソフラボンの摂取を（p.138）。**

体質改善 ストレッチ

肩こりから抜け出したい

RIZAP POINT!

広背《こうはい》筋を刺激して、
血行を良くすることで
肩こりが緩和されます。
ストレッチを続けてみて。

肩入れストレッチをやってみよう！
広背筋を意識して

左肩を前に倒して8秒キープ×2回。右側も同じようにやってみましょう。

背中や肩の血行不良が原因に

肩こりが起こる主な原因は、背中や肩の筋肉の蓄積疲労や血行が悪くなっていること。人は2足歩行を始めたときから、3〜4キロもの重い頭を首や肩、背中の筋肉で支えているので、立っている姿勢ですでに、筋肉の疲れが出やすいのです。さらに加齢によって筋肉がもっとも減りやすいのが背中で、それが原因の一つにも。

また運動不足だったり、同じ姿勢を取り続けたりすると血行が悪くなり、肩こりを引き起こします。

普段から筋肉を鍛え、ほぐすことが大切

肩こりの改善方法は、**筋肉を動かすことが一番です。そして動かす筋肉は広背筋。**ここを刺激すると肩がすっきりします。

一人でできるストレッチもあります。四つん這いになって猫のように背中を丸くしたり反らしたりする「背中とおなかのストレッチ」。また大きく脚を開いてグイグイと肩をねじる「肩入れストレッチ」（上）もおすすめ。**肩甲骨周りの筋肉を動かしながら血管の圧迫を緩和し、血流も改善します。**

トレーニング　生活習慣

腰痛を解きほぐしたい

RIZAP POINT!

背筋を伸ばし、同じ姿勢を続けたり、
腰に負担をかけたりする動きは
ひかえるようにしましょう。
腹筋や背筋を鍛える運動を。

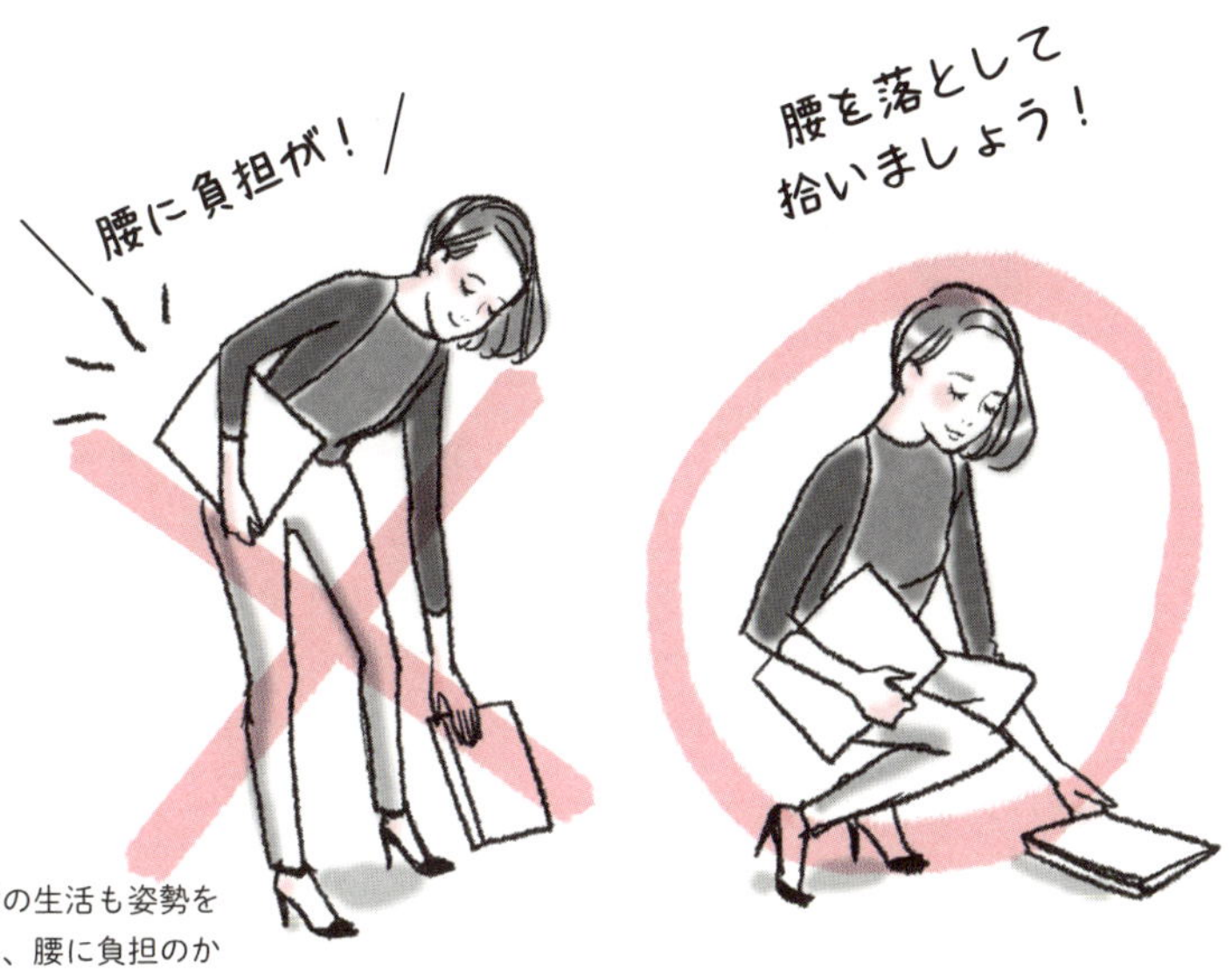

普段の生活も姿勢を正し、腰に負担のかからない動きを心がけて。

姿勢に注意。運動不足ということも

腰痛にはさまざまな原因があります。まず一つめは姿勢です。まっすぐ立ったときに背中が反り気味だったり、逆に猫背気味だったりしませんか。姿勢が悪いと腰に負担がかかります。

また立ちっぱなしや座りっぱなしなど、長く同じ姿勢を続けている場合も腰に負担がかかります。運動不足や加齢のために、腰の筋肉が衰えていることも原因に。筋肉が落ちると腰にますます負担がかかっていきます。

普段から姿勢を正し、腰をいたわる動きを

腰痛の改善や予防法は、普段から**背筋を伸ばして座ったり、歩いたりすること。**また同じ姿勢を長く続けたら、**ときどき体を動かすように心がけます。腰を支える腹筋や背筋を鍛える運動（p.199）を行うのも効果的です。また腰に負担がかかるような動きもひかえましょう。**例えば、重いものを持つときなども中腰で力を入れたり、腕だけで持ち上げたりしないで、腰を落としてゆっくり持ち上げるようにするのが基本です。

気になるたるみを解消する顔ストレッチ

顔には表情筋という、約 20 種の小さな筋肉があり、縦、横、ななめ方向に通っています。顔も体と同じで、筋肉を使わなければ衰え、表情がかたくなったり、たるんだりします。ストレッチで予防しましょう。

目じりのしわやたるみ、ほうれい線を薄くするストレッチ

目の周りの眼輪《がんりん》筋を鍛えることで目じりのしわを、口の周りの口輪《こうりん》筋を鍛えることでほうれい線を薄くしていきます。

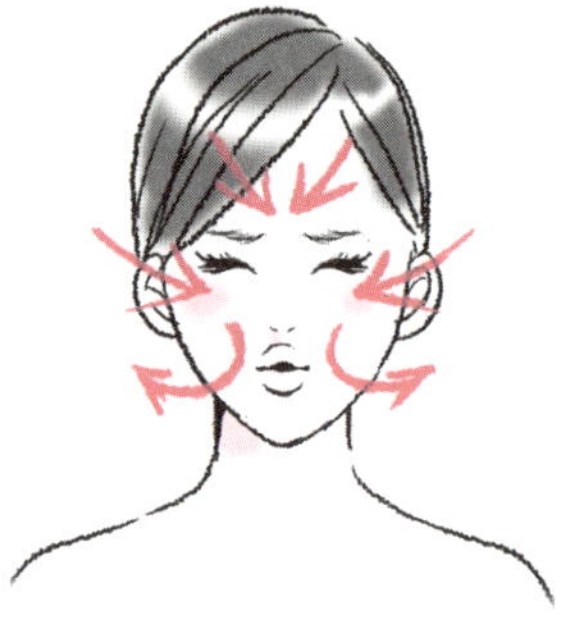

1. 顔の中心に向かってパーツを集めるように思いっきり顔をすぼめ、全体の筋肉を収縮させる。

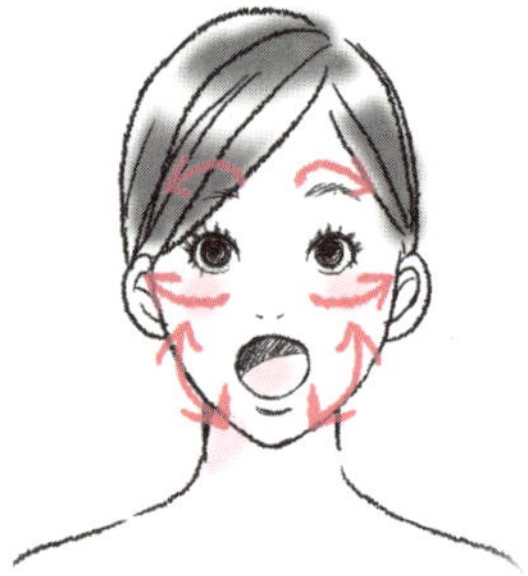

2. 目を見開き、口も大きく開けて、顔全体の筋肉を外側に広げるように伸ばす。
1 → 2 を 5 回繰り返す。

リンパの流れを良くして小顔にするストレッチ

首の左右にあるリンパを刺激することで流れが良くなり、顔から首にかけてのむくみが緩和されます。

1. 顔を正面に向けて、左右の親指であごの下あたりを押さえる（親指であごの骨をひっかけるイメージ）。

2. 親指をぐっと上に押し上げながら、あごを天井のほうへ向けていく。

3. 首の筋肉が伸びるように意識して、そのまま 10 秒キープする。

首にある胸《きょう》鎖《さ》乳突《にゅうとつ》筋という筋肉で、首を曲げたり回転させたりすることができます。ストレッチでその筋肉を伸ばすと、リンパの流れが良くなり、フェイスラインも引き締まりますよ！

睡眠　生活習慣

朝の目覚めを快適にしたい

RIZAP
POINT!

生活習慣の見直しを。
睡眠時間をしっかりとって、
朝日をしっかり浴び、
１杯の水か白湯を飲みましょう。

memo

- 規則正しい生活
- 朝日を浴びる
- 朝食前の水分摂取

朝、太陽の光を浴びるとセロトニンが増え体も目覚めます。

目覚めの悪さは生活習慣の乱れから

生活習慣が乱れ、睡眠時間が取れなかったり、朝起きるのが遅くなると、体内時計がくるい、朝の目覚めが悪くなります。睡眠時間は短過ぎても長過ぎても目覚めが悪くなる原因になり、**一般的に望ましいとされる睡眠時間は、「6・5時間」。**

目覚めを良くするために効果的なのは、**朝起きたら太陽の光を浴びることです。人は太陽の光を浴びると交感神経が刺激され、脳内のセロトニン（p.134）を増やします。セロトニンが増えると体が目覚めて意識がはっきりします。**体内時計がいったんリセットされ、日中は活動的に過ごし、夜になると自然に眠くなるというリズムができるのです。

スッキリ目覚めるためにすること

朝食前に1杯の水、または白湯を飲むことも効果的。胃に水が入ることで腸が刺激され、内臓が活動をはじめるので、体の中からもスッキリ目覚めることができます。

生活習慣　食事

朝はいつも食欲がない

RIZAP
POINT!

夕食の時間を早めたり、
ボリュームをひかえたりして、
朝、おなかが空くような
生活習慣にしましょう。

朝食を食べるためにしたいこと

1
夕食の時間やボリューム、内容を見直す

寝る２～３時間前に夕食をすませましょう。糖質は２時間、タンパク質は４時間、消化には必要。タンパク質中心の食事なら、なおさら早めの夕食を。

2
腸を動かすために朝はコップ１杯の水を飲む

水が胃に届くと「胃・結腸反射」という反応により、眠っていた腸が動き出すため食欲がわきます。

夕食で摂ったエネルギーが残ったままに

夕食後は、お風呂に入り寝るだけというパターンの人が多く、活動量が少なめです。それなのに夕食を食べる時間が遅かったり、ボリュームが多過ぎたりすると、夕食で摂ったエネルギー源が朝になっても体の中にストックされたままの状態に。朝起きても、体は当然「エネルギー供給の必要がない」と判断してしまいます。

夕食を早めにし、ボリュームをおさえて

朝食をしっかり食べるためには、まず**夕食の時間を早めましょう。食べものの消化には2～4時間かかるので、せめて寝る3時間前に食べ終わっているのがベスト。**ほとんどが消化され、眠っている間の基礎代謝でエネルギーもほどよく使われるので、朝も食欲がわくでしょう。

また夕食後は、日中と比べても消費カロリーが少なめです。**夕食のバランスは、3食の中でも一番少なくするように心がけましょう**（p.43）。使わないエネルギーは脂肪となって蓄積され、太る原因にもなります。

食事　トレーニング

目の疲れをスッキリさせたい

RIZAP POINT!

アントシアニンやビタミンＡ
などを含む食事と、
目の運動や休息で
疲労を回復させましょう。

目の疲れの予防法

目の運動や休息

◎目を上下左右に動かす。顔は動かさないよう注意。
◎近くと遠く（2 〜 3m 先）を交互に見る
◎ 1 時間に 1 分程度目を閉じる

必要な栄養素

◎アントシアニン
ブルーベリー、アサイーベリー、プルーン
◎ビタミン A
豚や鶏のレバー、うなぎ
◎ DHA
マグロ、ブリ、サバ、サンマ、ウナギ

年齢とともに目のピントの調節がしづらくなります

40代以降に目の疲れを感じるようになる原因は、目の調節機能の低下です。加齢とともに、目の中の水晶体の弾力性が低下してかたくなり、ピントが合わせづらくなっていきます。無理にピントを合わせようとして酷使するので、目が疲れやすくなるのです。

また、パソコンやスマートフォンなどの小さな字を見続けることも、目の疲れの原因になります。

アントシアニンなどの摂取と目の運動を

目の老化を完全に止めることはできませんが、**ポリフェノールの一種のアントシアニンは、老化を遅らせたり、目の血流をスムーズにして疲れを取ったりする働きがあります。角膜や水晶体を保護するビタミンAや、網膜を活性化する働きがあるDHAなども一緒に摂るといいでしょう。**

目を上下左右に動かす、ときどき遠くを見るなど**目の運動も取り入れて、**目の周りの筋肉を鍛えると目の疲れを予防します。

食事　生活習慣

髪の毛のボリューム ダウンをおさえたい

RIZAP POINT!

髪の毛は 22 ～ 26 時の
寝ている間に成長！
規則正しい生活を送り、
タンパク質とミネラルを
たくさん摂りましょう。

髪の毛を育てるポイント

1　ストレスをなくして規則正しい生活を送る

早寝・早起き、バランスのいい食事、適度な運動、
ストレス解消、禁煙・禁酒を心がけて。

2　髪の毛を育てるおすすめ食材

卵…タンパク質や亜鉛などのミネラルも豊富
乳製品…タンパク質とカルシウムが豊富
カキ…亜鉛やビタミン、タウリンなどを含む
海そう類…ミネラルが豊富
ブロッコリーやホウレンソウ…鉄分やカルシウムが豊富

加齢と栄養不足で髪の毛が育たない

40代以降になると、髪の毛の成長に欠かせない女性ホルモン、エストロゲンの分泌が減っていきます。さらに、頭皮の新陳代謝も鈍くなることで、髪の毛が細くなったり、量が少なくなったりするのです。また、偏った食生活による栄養不足が原因で、健康で丈夫な髪の毛が育ちにくくなっていることも考えられます。

十分な栄養と睡眠で髪の毛を育てよう

髪の毛の成長に大切なのは、**髪の毛の材料になるケラチンというタンパク質、そして健やかな毛根を保つためのミネラルです。**この2つが足りないと健康な髪の毛は育ちません。

タンパク質、ミネラルが入った食事をして、**適度な運動で体の血行を良くして、十分な睡眠を取る生活を心がけましょう。髪の毛は22〜26時の寝ている間に成長するといわれているので、その時間にしっかり寝るようにするのも大切です。**

食事　生活習慣

白髪を減らしたい

RIZAP POINT!

**髪の成分をつくり出す
システインとチロシンを摂り、
頭皮マッサージで血行改善を。
ストレスをなくすことも大切。**

白髪を改善する食べもの

豚肉
シスチン

種実類
（ゴマ、落花生、カシューナッツ、くるみなど）
シスチン、銅

大豆製品
シスチン、チロシン、銅

レバー
シスチン、銅

チーズ
チロシン

魚介類
シスチン

白髪の原因は老化だけではない

白髪は、老化もありますが、ストレス、喫煙や飲酒、栄養不足なども原因になります。ストレスは体を緊張状態にし、血管を収縮させ頭皮の血行まで悪くします。喫煙すると頭皮が乾燥し血流が滞り、栄養が運ばれなくなります。さらに喫煙や飲酒が多い場合、髪の毛をつくるケラチンの成分であるシスチンが大量に使われてしまい、髪の毛への栄養が不足することに。

必要な栄養素をしっかり摂る

白髪の予防と対策に必要なのは、適切な栄養素をたっぷり摂ることです。積極的に摂りたい栄養はまず、**髪の毛の成分になるシスチンを多く含んだもの。**さらに髪の毛の黒色をつくり出す**チロシンというアミノ酸、チロシンが有効に働くために必要な銅です。**

禁煙・禁酒を心がけ、頭皮マッサージも行いましょう。**マッサージで血行を良くすると、頭皮全体の細胞に栄養がいきわたるようになります。**

食事　生活習慣

食欲をコントロールしたい

RIZAP POINT!

食事の時間を決めることで、
おなかが空き過ぎることもなくなり、
食欲をコントロールできます。
食べる順番、スピードも注意。

規則正しい理想の食事時間

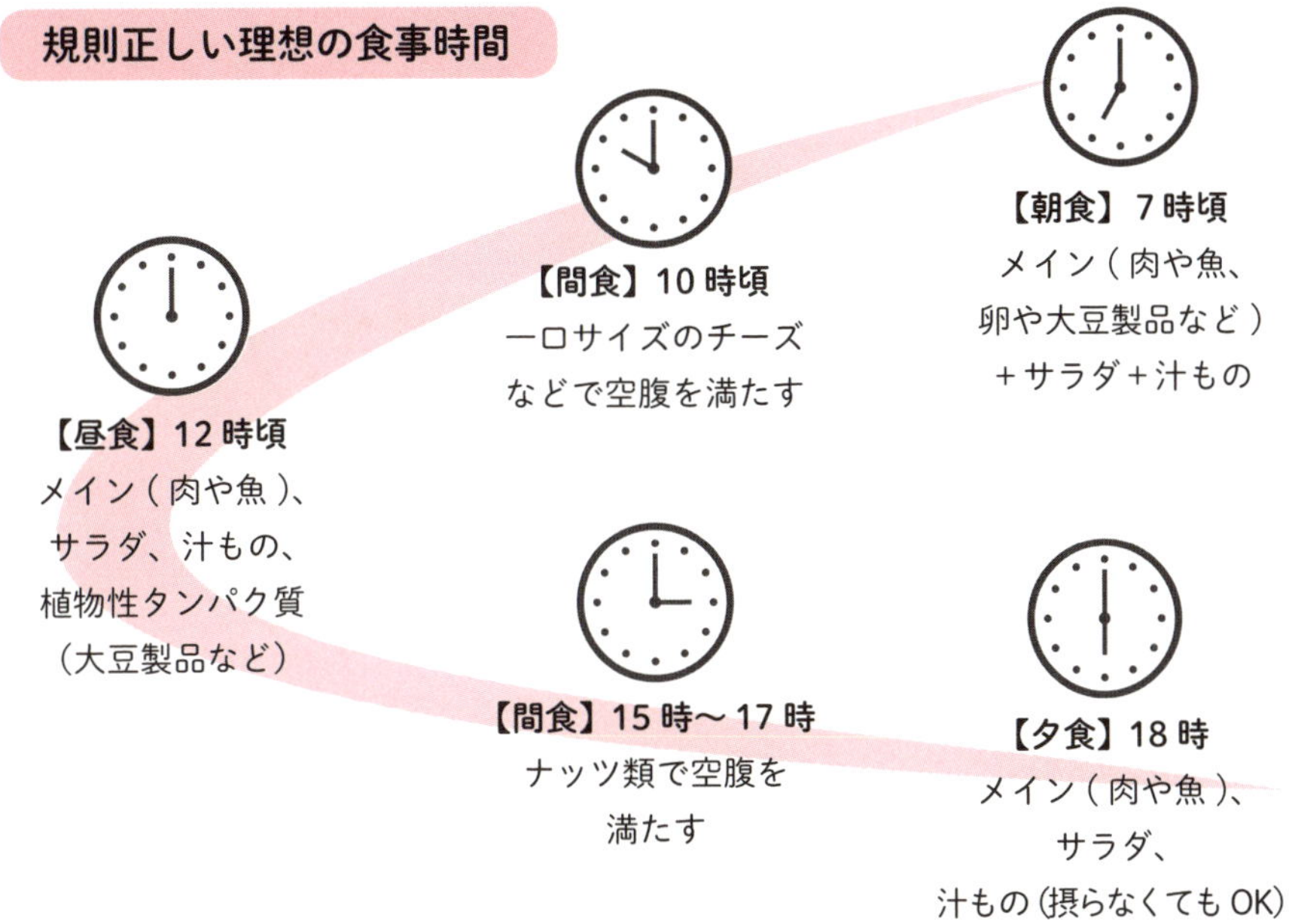
【朝食】7時頃
メイン（肉や魚、卵や大豆製品など）+サラダ+汁もの
【間食】10時頃
一口サイズのチーズなどで空腹を満たす
【昼食】12時頃
メイン（肉や魚）、サラダ、汁もの、植物性タンパク質（大豆製品など）
【間食】15時～17時
ナッツ類で空腹を満たす
【夕食】18時
メイン（肉や魚）、サラダ、汁もの（摂らなくてもOK）

食欲のムラは太りやすい体質をつくり、生活習慣病を引き起こす

食欲にムラがあるのは、あまりいいことではありません。体内時計（p.161）も乱れてしまいますし、おなかが空き過ぎたり、食べ過ぎたりすることは、太りやすくやせにくい体質をつくります。さらにムラのある食事によって血糖値が急上昇することも。急な血糖値の上昇は、血糖値を下げる役目のインスリンというホルモンの分泌を乱し、生活習慣病を引き起こすこともあります。

食事の時間は決めておこう

まずは食事時間を決めましょう。食欲があってもなくても決めた時間に少しでも食べるようにします。食事の間隔が規則正しくなれば、おなかが空き過ぎることもなくなるので、食べる量もコントロールしやすくなるはずです。**また食べる順番（p.127）や速さにも注意を。野菜やキノコ類、海そう類→汁もの→主菜→主食（食べなくてもOK）の順番**にすると食べ過ぎを防げます。ゆっくり食べることで満腹感が得やすく、血糖値の急上昇もなくなります。

メンタル　生活習慣

ストレスに打ち勝ちたい

RIZAP POINT!

**運動や趣味など好きなことに没頭して、
プラス志向を高める
ドーパミンを増やしましょう。
チロシンを含む食べものも有効。**

ドーパミンを増やすポイント

1 チロシンを含む食材を摂る

乳製品、豆類、赤身魚、肉類、シラス干し

2 運動する

運動はドーパミンの分泌を促し、また運動の達成感がやる気を生み出します。

3 好きなことをする

短時間でもいいので自分の好きなこと、興味のあることに没頭してみましょう

4 脳を活性化する

小さな発見も脳を活性化します。「きれいな夕焼けを見た」「通ったことのない道から帰る」なども小さな発見の機会になります。

加齢とともにドーパミンが減少しストレスが増えることも

快感や幸福感、意欲やモチベーションを高めてくれる神経伝達物質のドーパミンには、ストレスを打ち消す働きがあります。しかしドーパミンは加齢によって減っていくため、年を経るごとにストレスには弱くなっていきます。仕事や家事、育児などでストレスが増え続ければドーパミンが追いつかないことに。ストレスがたまり過ぎて意欲や関心がなくなったり、行動力や集中力が低下したり、疲れやすい体になったりという弊害が次々に現れてきます。

食べものや運動でドーパミンを増やそう

ストレスをなくし、モチベーションアップをはかるには体内のドーパミンを増やすことです。**ドーパミンはアミノ酸のチロシンからつくられているので、チロシンの多い食材を摂りましょう。**さらに**体を動かしたり、好きなことに没頭することで脳が刺激され、ドーパミンの分泌が促されます。**好きなことに没頭すれば、気分転換になるので、結果的にストレス解消につながります。

メンタル　食事

落ち込みをリセットしたい

RIZAP POINT!

寝る前にビタミンCを摂って、
朝はポジティブな
言葉を口にしましょう。
前向きな意識を常に持って。

落ち込みを解消する対策

1 ビタミンCを摂る

芽キャベツ、ゴーヤ、パセリなどに含まれています。寝る前にビタミンCのサプリメントを摂るのもおすすめ。

2 ポジティブな言葉を口にする

1日の始まりである朝に、元気が出るポジティブな言葉を毎日言ってみましょう。

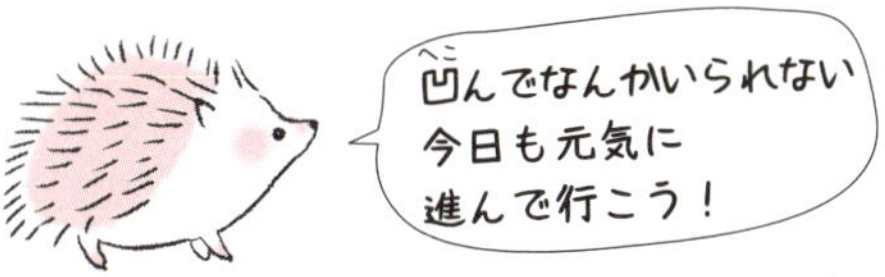
凹《へこ》んでなんかいられない
今日も元気に
進んで行こう！

落ち込みから救うビタミンC

嫌なことがあって落ち込んでしまったときは、**ビタミンCをたくさん摂りましょう。**人は、ストレスを感じると抗ストレスホルモンのコルチゾールを体内で分泌し、ストレスに抵抗する力をつけます。このホルモンをつくるときに必要なのがビタミンCなのです。不足するとコルチゾールがつくれず、ストレスへの抵抗力が下がってしまいます。また**コルチゾールは明け方の午前4時頃につくられるので、寝る前にビタミンCを摂るのが効果的です。**

ポジティブな言葉で前向きに

落ち込んでいるときに「もうダメだ……」などと、ネガティブな言葉をはいていませんか？ 実は、このような言葉自体がますます悪い方向へと精神を導いてしまうものです。発する言葉によって意識や人生が左右されることもあるので、**どんなに落ち込んでいても、口に出すのはポジティブな言葉にしましょう。**そうすることで脳が感化されポジティブな方向にいくようになります。

生活習慣　食事

物忘れの悪化に待ったをかけたい

RIZAP POINT!

DHAをたくさん摂り、
頭や手を使う行動を日々実践して。
友だちとおしゃべりするのも、
おすすめです。

おすすめの物忘れ対策

1 DHAを摂取

DHAは青魚に多く含まれます。
マグロ、ブリ、サバ、サンマ、マイワシなど

2 脳の機能を向上させる

◎頭を使うボードゲーム（将棋、囲碁、オセロなど）
◎日記を書く（パソコンや携帯ではなく筆記で。
　漢字やカナを書くこと自体も脳の刺激に）
◎買いもののときの大まかな計算
◎手を使う趣味（ピアノ、手芸、絵画、折り紙など）
◎友だちと話す

加齢で情報を思い出す機能が低下

会った人の名前を思い出せない、人に言われたことをすぐに忘れてしまう……、年齢とともにそんなことが増えてきた気がしませんか？　覚えているのに情報を思い出す機能が低下することで起こる、いわゆる「物忘れ」です。情報そのものを忘れてしまう認知症とは別ものです。

記憶力は20代をピークに減退していきます。**単なる物忘れであれば食生活に気をつけたり、脳を鍛えたりすることで改善ができます。**

ＤＨＡの摂取と脳トレで改善

物忘れの予防に効果的なのは、ＤＨＡの摂取。ＤＨＡは脳細胞を構成する成分の一つで、記憶力や判断力の向上を促進するといわれています。

頭を使うボードゲームや、脳の記憶を維持するのに効果的な日記を書くのも、脳の機能を向上させます。また買いもののときに合計金額を計算する、手を使う趣味を持つ、友だちと楽しくおしゃべりすることもおすすめです。

メンタル　生活習慣

イライラを減らしたい

RIZAP POINT!

深呼吸や運動、
マッサージで体をほぐし、
自律神経を整えましょう。
肩の力を抜いてみて。

自律神経を整えるコツ

1 深呼吸をしよう

交感神経が優位なときの呼吸は「速く・浅く」なりがち。「ゆっくり・深く」深呼吸をすると副交感神経を優位にできます。

2 軽い運動をしよう

運動は交感神経が働くのではと思われますが、軽い運動は筋肉がほぐれ血行が良くなり、副交感神経が働きやすい環境になります。

3 マッサージでほぐす

マッサージで体全体をほぐしましょう。マッサージ店でも入浴中や入浴後に自分でするのでもOK。副交感神経に良い刺激を与えます。

交感神経と副交感神経のバランスが乱れるとイライラしやすい

自律神経には交感神経と副交感神経があり、日中はそれがバランス良く働くことで活動ができ、夜はその疲れを睡眠で回復するというサイクルを保っています。

交感神経は活動しているとき、緊張しているとき、ストレスを感じているときに働きます。例えば仕事、家事、育児、運動、勉強をしているときに働き、心身を活発にします。副交感神経はリラックスしているとき、例えば食事中や湯船に浸かっているときや睡眠中に働く神経で、寝ているときがピークになります。血管を広げて代謝を促し疲労を回復します。

ところがストレスを強く感じると、交感神経が高ぶり副交感神経の働きが鈍くなり、体調不良やイライラするなどの心の乱れを引き起こすのです。

イライラ解消には自律神経を整えよう

イライラ解消には、**副交感神経の働きを促すことです。肩の力を抜き、かたくなった筋肉や心をほぐす環境づくりをしてみましょう。**

風邪やおなかの調子が良くないときに摂りたい低糖質食品

低糖質食を実践しているときに、風邪やおなかの調子が悪くなった場合、おかゆやうどんのかわりに、どんな回復食を食べればいいのでしょうか。

1 水溶性の食物繊維が多い食材がおすすめ

胃腸にかかる負担が少なく、消化を助ける働きがある水溶性の食物繊維を中心に摂りましょう。キャベツ、ダイコン、ホウレンソウや小松菜、アボカドなどがおすすめの食材です。

キャベツには胃の粘膜を保護してくれる作用があり、ダイコンにはジアスターゼやプロテアーゼといった胃腸の消化を促す働きがあります。ホウレンソウや小松菜と一緒にやわらかく煮て食べると消化もアップし、おすすめです。

アボカドは脂が多く消化が悪いのでは？と思われますが、実はバナナと同じくらい消化が良く、栄養もたっぷり。体調不良のときはおすすめです。普段はサラダやディップなど冷たい料理で食べていても、胃腸が弱っているときは、卵とじにするなど、温かい料理にして食べましょう。

2 消化のいいタンパク質もしっかり摂ろう

体調が悪いときは栄養もしっかり摂りたいので、消化のいいタンパク質は欠かせません。固ゆで卵や目玉焼き、生卵は消化しづらいので、半熟卵がおすすめ。消化のスピードが良く、胃腸にもやさしく、栄養豊富です。特に卵白にはリゾチウムという酵素が含まれています。殻から侵入する細菌から卵黄を守る役割があり、風邪の菌に対しても働きます。また気管支やのどの炎症をおさえる役目もするので、せきやのどの腫れを鎮めたり、熱をおさえてくれます。卵のほかに、豆腐や鶏ささみ肉、むね肉なども良質なタンパク質で、胃腸にやさしい食材です。

3 免疫力をアップさせ、のどの痛み、せきを止める食材

ショウガや大葉は風邪のときにはぜひ摂り入れたい食材。ショウガは、体を温めて免疫力を高め、せきを止める効果があります。大葉も免疫力を高める働きや、殺菌作用も持っています。ビタミンやミネラルも豊富で、せきや発熱や寒気を伴うときも効果的です。

おすすめスープ

◎器にダイコンおろし、鶏ガラスープ、大葉のみじん切りやおろしショウガ（チューブでもOK）を入れ、お湯を注いだスープなどは、手軽でおすすめです。

◎ダイコンやホウレンソウ、小松菜などに、豆腐や鶏ささみ肉、鶏むね肉などを一緒に煮込んだスープも、手軽に栄養が摂れます。

食事　体質改善

サラサラ血液でいたい

RIZAP POINT!

**不飽和脂肪酸を積極的に摂り、
毎日、有酸素運動をすると、
善玉コレステロールが増え
サラサラ血液が実現します。**

サラサラ血液をつくるために

DHA・EPAの摂取

マグロ、ブリ、サバ、サンマ、マイワシに多く含まれます。

毎日の有酸素運動

買いものや散歩などの機会をつくって毎日10分以上は歩きましょう。

サラサラの血液は動脈硬化の予防に

サラサラ血液が良いといわれるのは、動脈硬化になりにくく、栄養の吸収や老廃物の除去がスムーズに行われるからです。

動脈硬化とは、動脈に加齢や乱れた生活習慣によって、さまざまな物質が沈着し、狭くなったり弾力性が失われたりして、かたくなった状態のことをいいます。進行すると心臓や血管の負担が増大し、高血圧や心不全、心筋梗塞や脳梗塞などを引き起こす可能性が高まります。

善玉コレステロールを増やしてサラサラ血液に

血液中の中性脂肪や悪玉コレステロールが過剰になると、血液がドロドロになります。それを改善しサラサラ血液にするためには、余分なコレステロールを回収する役目の**善玉コレステロールを増やすこと。**それには**青魚に多く含まれる不飽和脂肪酸のDHAやEPAを摂るようにします。有酸素運動を併行するとより効果的です。**

食事　体質改善

骨粗しょう症予備軍なんて嫌！丈夫な骨を手に入れたい

RIZAP POINT!

骨密度をキープするには、
若いうちからカルシウムと
ビタミンD、タンパク質を
意識して摂りましょう。

骨密度をキープする
おすすめ食材

カルシウム

干しエビ、煮干し、
サクラエビ、チーズ、
ゴマ、ひじき

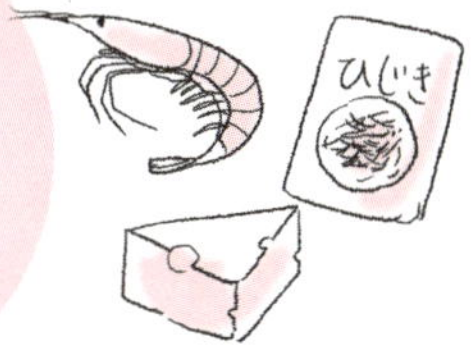

ビタミンD

シイタケなどのキノコ類、
サケ、ウナギ、サンマ、
メカジキ

ビタミンDは紫外線を浴びることで体内でもつくられます！

閉経後は骨粗しょう症になりやすい

女性の場合、閉経後に急激に増加するといわれている骨粗しょう症。実は女性ホルモンのエストロゲンには、骨を強くする働きがありますが、それが閉経により分泌されなくなってしまうと、骨からカルシウムが溶け出して、骨密度が急激に減少してしまいます。閉経してから気をつけるのでは間に合いません。**今から骨粗しょう症対策をスタートしましょう。**

カルシウムとビタミンDの摂取を

閉経後の女性ホルモンの変化は止められないので、早いうちから**カルシウムやその吸収を助けるビタミンDを積極的に摂って、**骨密度をキープしましょう。カルシウムとビタミンDは、一緒に摂ることで腸管での吸収が良くなります。また**タンパク質が不足すると骨密度の低下が進みます。タンパク質も意識して摂りましょう。**

ビタミンDは紫外線を浴びることで、体内でつくることもできます。散歩や買いものなどの機会を上手に利用しましょう。

食事　タンパク質

美しい爪でいたい

RIZAP POINT!

爪の健康に必要な
ビタミンＡと、動物性と植物性の
タンパク質をバランス良く摂って。
葉ものの緑黄色野菜もおすすめ。

爪のために摂りたい栄養素

◎動物性タンパク質

鶏肉、魚類、卵、乳製品

◎植物性タンパク質

大豆製品

◎ビタミンA

鶏レバー、豚レバー

◎プロビタミンA

葉ものの緑黄色野菜

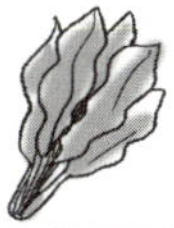

爪にも老化現象はやってきます

爪は皮ふが角質化したもので、ケラチンというタンパク質でできています。年齢とともに皮ふにしわができやすくなるように、爪も老化によってしわができます。それが爪に出る縦の筋なのです。

特に爪は体の先端にあるため、栄養が届きにくく、バランスの悪い食生活を続けていると、爪の健康や老化に影響が出やすい部位ともいえます。

動物性と植物性のタンパク質をバランスよく摂る

いつまでも健康的な爪を保つためには、**タンパク質をしっかり摂ることが大切です。動物性のタンパク質は爪に弾力性をもたせ、植物性のタンパク質は爪を丈夫にする**ので、どちらもバランス良く摂りましょう。

また**ビタミンAも、爪の健康維持には欠かせません。**不足すると爪が乾燥して割れやすくなったり、変形しやすくなるので、積極的に摂取を。体内でビタミンAに変換できるプロビタミンAもおすすめです。

企業や自治体との連携で健康にコミットする！ライザップってどんなところ？

part 3

ライザップでは、企業や自治体と連携して、
健康づくりを進めています。その取り組みを紹介します。

自治体との連携で「健康増進プログラム」を実施

これまで、ライザップでは9.6万人（2017年12月末時点）の健康的なボディメイクを実現してきました。その豊富な実績とデータに基づき、さらなる広がりを目指した「健康増進プログラム」を自治体と連携して実施しています。2017年3月には静岡県牧之原市で、シニア層を対象に健康増進プログラムを提案。3か月間という期間の中で、トレーナーによる90分の健康講座を全8回、市内の運動施設を利用したトレーニングの提案、低糖質料理教室の開催や低糖質レシピの提供などを行いました。参加者の平均年齢は68歳。23人のうち22人の体力年齢が若返り、体重の減少を達成し、体力年齢の平均は開始時の86.6歳から73歳に。マイナス13.6歳という結果を得ています。

法人向けセミナーを開催

© 政経電論

企業や団体の「従業員の健康づくり」「働きやすい職場環境の提供」など健康経営への取り組みも支援しています。

「社員の生活習慣の改善にコミット」をコンセプトに、肥満や体調不良による労働意欲の低下、肩こり、腰痛など、多くの社員が持つ身体の悩みを解消する「実践型健康増進プログラム」を提供するものです。内容は、すぐに実践できる健康セミナー、トレーナーによる直接指導や管理栄養士による定期的な情報発信、低糖質弁当の宅配など。これまでに125社6000名以上が体験し、生活習慣改善の成果を実感してもらいました。ライザップは、このような自治体向け、法人向けサービスを含め、2020年度までに1000万人以上の方の、健康で輝く人生をサポートしていくことを目標にしています。

第4章

忙しい大人女子でも手軽にできるボディメイク

家で無理なくボディメイクにトライしたい！と思っている方に手軽にはじめられるトレーニングを紹介します。短い時間でも継続することが大切です。

効率的にダイエットをしたい！

筋肉トレーニングで基礎代謝を上げる

効率良くダイエットをするためには筋トレが効果的。特におすすめは、**体幹《たいかん》を鍛えることです。**体幹とは広い範囲では胴体全体のこと、狭い範囲でいうと6つの筋肉（胸《きょう》筋・腹直《ふくちょく》筋・腹斜《ふくしゃ》筋・僧帽《そうぼう》筋・脊柱《せきちゅう》起立《きりつ》筋・広背《こうはい》筋）のことをいいます。

ちなみに、「体幹トレーニング」といわれるのは、これら6つの筋肉を鍛えることです。同時に複数箇所を鍛えることができるため、とても効率的です。これを**毎日続けることで、代謝が上がり余分な脂肪は燃焼されるようになるため、徐々に体が引き締まります。**さらに筋肉が胴体をしっかり支えることができるため、ウォーキングやランニングなどの**有酸素運動をしても疲れにくい体になります。**

キレイなボディラインが手に入る

体幹トレーニングでは胴体の筋肉を強化するため、姿勢も正されてバストアップもかなえてくれます。また**腰周りの筋肉と腹筋を鍛えることで骨盤が適切な位置に戻るので、腰痛の緩和にもつながります。**さらに気になる部分を引き締めるトレーニングをプラスすればキレイなボディラインが手に入ります。

体幹トレーニングは毎日、ほかのトレーニングは週に2回を目標に行いますが、最初は無理をせずスタートし、慣れてきたら目安の回数を行うようにしましょう。行うのは朝でも夜でもOK。朝は1日の始まりに代謝を上げられるという利点も。夜は睡眠の妨げにならないよう、就寝2時間前までに行います。

トレーニングを続けるための3つのポイント

1 体重や体脂肪率の測定を日課にしよう！

自分の体の変化を知っておくことはとても大切。体重や体脂肪率は毎日測るようにします。1日1回なら朝起きて排便をすませた後に、2回なら朝に加え、就寝前など決まった時間に測りましょう。

2 トレーニングは目標を立てると続けやすい！

ダイエットは目標があったほうが続けやすいもの。まずはどれくらいの期間で何キロやせるか、なぜやせたいのか自分の目標を立ててみましょう。理想の自分を目指してスタートします！

3 ダイエット日記をつける！

体の状態を客観的に見るためにも、体重の変化やその日の食事内容、トレーニングのメニューなどを毎日記録します。便通や体調、睡眠時間を記入しておくと健康管理にもなります。

継続がカギ！
体幹トレーニング①

RIZAP
POINT!

鍛えるのは胴体全体の筋肉。

① プランク

② ストレートアームプランク

からスタート！

①
プランク

体幹トレーニングの一番の基本メニューです。体幹に意識を集中させましょう。

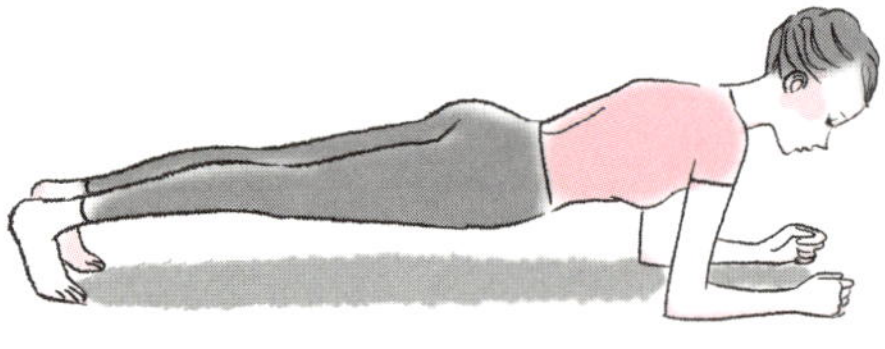

1. ひじを直角についた状態でうつ伏せになる。
2. 足はつま先で支え、体を一直線にした状態を 30 秒キープ。3 セットを目安に行う。

② ストレートアームプランク

二の腕の筋肉強化やシェイプアップに効果的です。

1. プランクの状態になる。

2. 両ひじをのばし、手のひらでしっかりと床を押して上体を起こす。
3. 2 の状態で 30 秒キープ。3 セットを目安に行う。

慣れてきたら③を取り入れましょう！

③ サイドポジション

慣れてきたらプランクの横向きバージョンも取り入れて。腹斜《ふくしゃ》筋に効果的なトレーニングですが、腰に負担がかかりやすいので、腰の状態に不安がある人はひかえましょう。

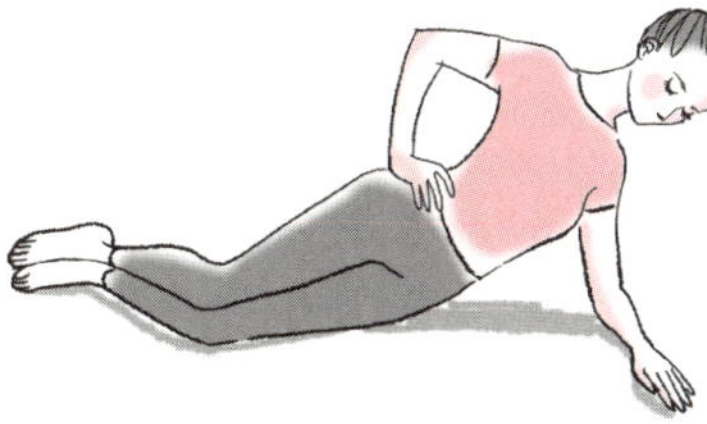

1. 左ひじを床につけて、膝を少しまげて横になり、右手を腰に当てる。

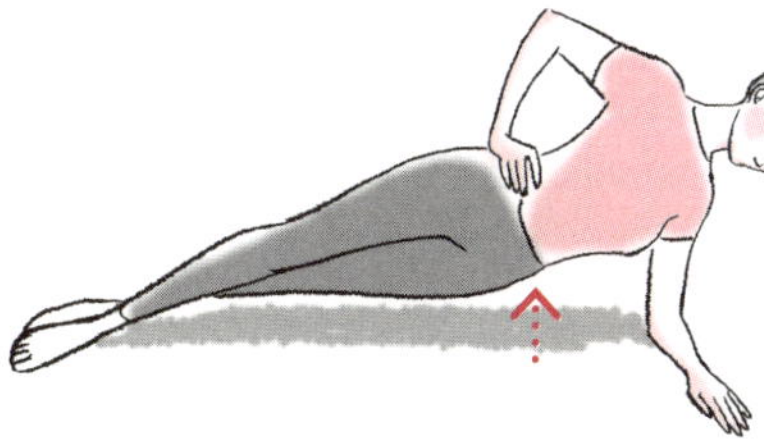

2. 骨盤を持ち上げて頭からつま先までが一直線になるように体勢を整える。
3. 呼吸は自然に続けておなかをへこませてキープ。息を吐いて元に戻す。左右を 1 日 3 ～ 5 回を目安に行う。

体幹トレーニング②

RIZAP POINT!

腹横《ふくおう》筋と腹直《ふくちょく》筋を鍛える。

④ ヒップリフトウエストスクイーズ

⑤ V 字クランチ

をやってみましょう。

④ ヒップリフトウエストスクイーズ

毎日続けることでウエストに効くトレーニング。

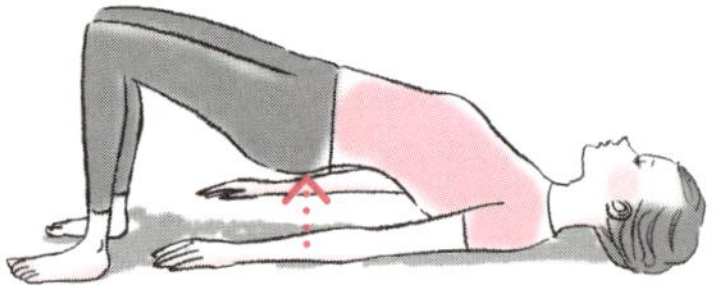

1. あお向けになって膝を直角に曲げる。肩から膝までが一直線になるように、お尻をグッと持ち上げる。

2. 肩を固定し、膝を左右に動かしてウエストをひねる。途中でお尻が床につかないように。1日 15 回を 3 セットを目安に行う。

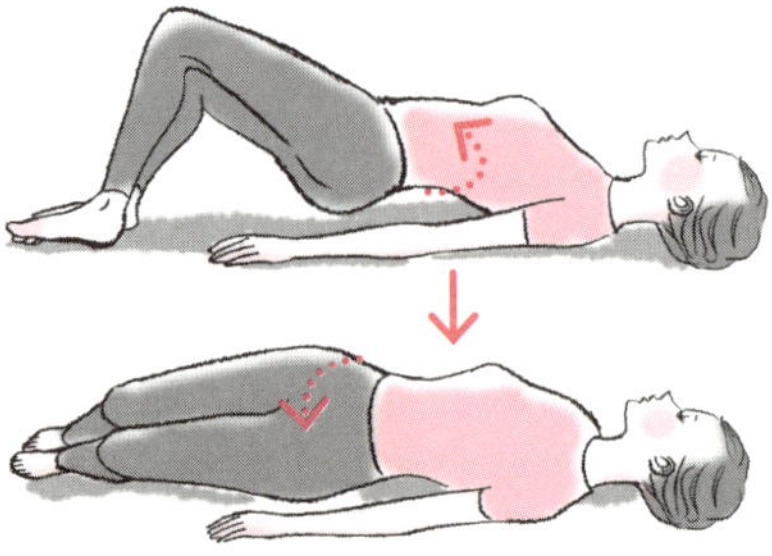

※床につかないように。

5 V字クランチ

手で頭を無理に持ち上げるのではなく、腹筋を使って上半身全体を引き上げる感じで起こしましょう。

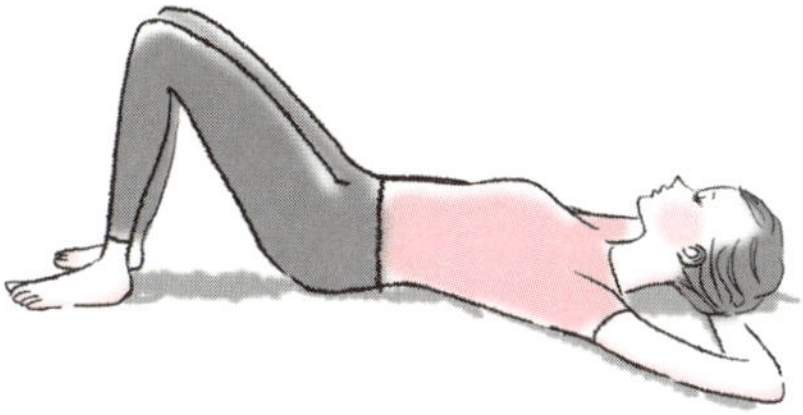

1. あお向けになり膝を曲げ、頭の後ろで手を組む。

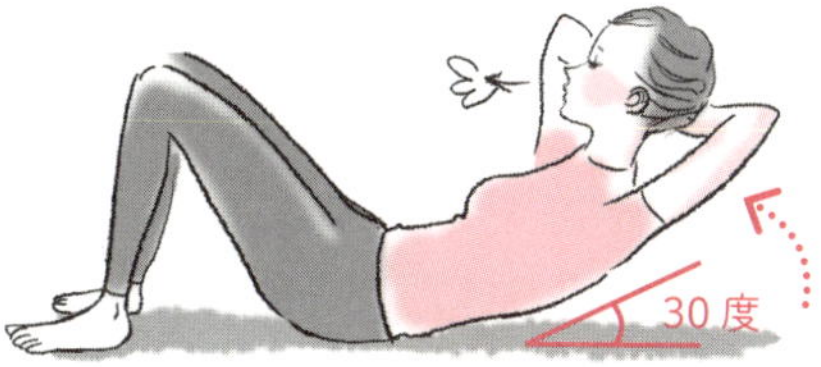

2. 息を吐きながら上半身を約30度にゆっくり持ち上げてV字型をつくり、元に戻す。1日15～20回を3セットを目安に行う。

体幹トレーニング後に行いたい！

短期間でのダイエット効果をねらうなら、体幹トレーニングの後に筋力トレーニングの腕立て伏せとスクワットを行うのがおすすめ。**腕立て伏せは1日1～10回程度、スクワットは1日10回程度**で、慣れてきたら回数を増やします。どちらも反動をつけないで、**ゆっくり筋肉を意識しながら行うと筋肉への刺激が高まります。**

プルプル二の腕と
お別れしよう

RIZAP
POINT!

鍛えるのは、
たるみやすい上腕三頭《じょうわんさんとう》筋。

①キックバック

②トライセプエクステンション

週に2〜3回でOKです。

① キックバック

ダンベル、または水を入れたペットボトルを持ちながら行いましょう。

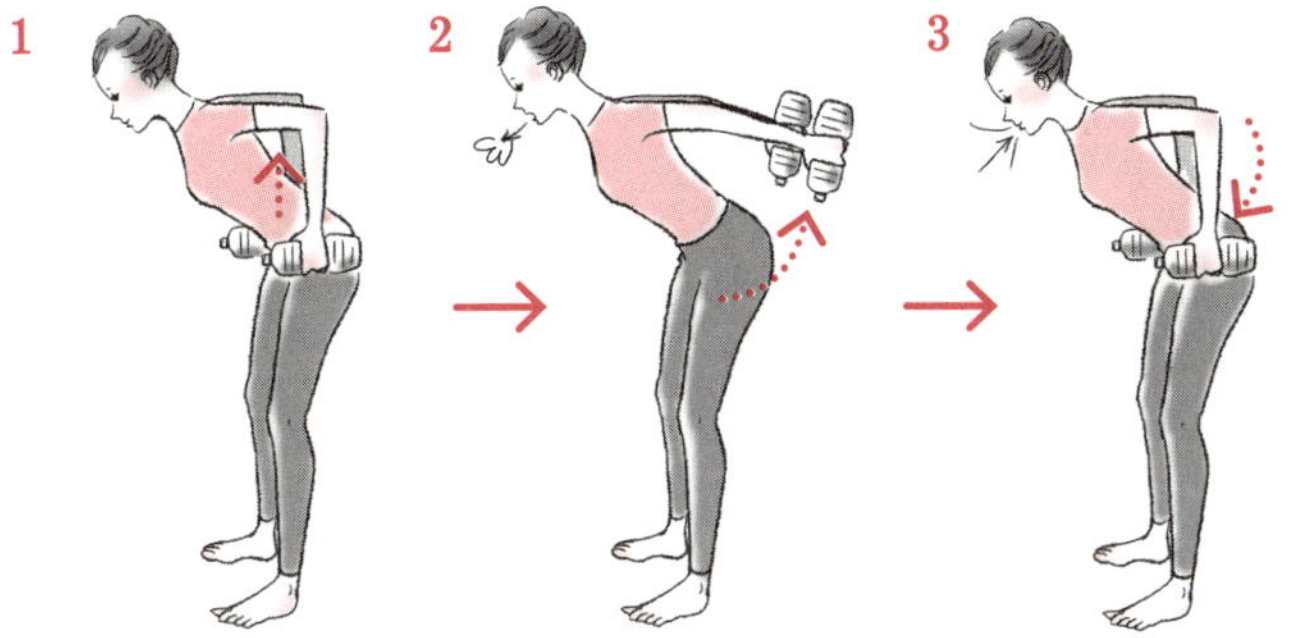

1. 足は肩幅くらいに開き、膝を軽く曲げて骨盤を前傾させながら上半身を倒す。背筋はまっすぐに伸ばし、上腕と床が平行になる位置までひじを持ち上げる。

2. 息を吐きながらひじを固定し、ペットボトルを持った手を肩から一直線になるように後ろに伸ばす。

3. 息を吸いながら元の位置に戻す。背中を丸めないように注意し、15回を2～3セットを目安に行う。

② トライセプエクステンション

ダンベル、または水を入れたペットボトルを持ちながら行いましょう。

1. 足は肩幅くらいに開いて立ち、左腕を真上に上げる。ひじが下がらないよう右手で左のひじを支えてペットボトルを後方に下げる。

2. 左ひじを固定したまま、息を吐きながらペットボトルを頭上に持ち上げる。背筋を伸ばし二の腕の裏側を意識して行う。

3. 息を吸いながら元の位置に戻す。ひじの位置がぶれないように意識しながら左右各15回を2～3セットを目安に行う。

※ダンベルやペットボトルは15回ぎりぎりできるくらいの重さに調節するのが効果的。

わき＆背中のはみ肉を撃退しよう

RIZAP POINT!

鍛えるのは
腹斜《ふくしゃ》筋と腹横《ふくおう》筋、広背《こうはい》筋（背中）。
①クロスオーバークランチ
②バックエクステンション
をやってみましょう。

1 クロスオーバークランチ

腹斜筋を意識しながら行いましょう。

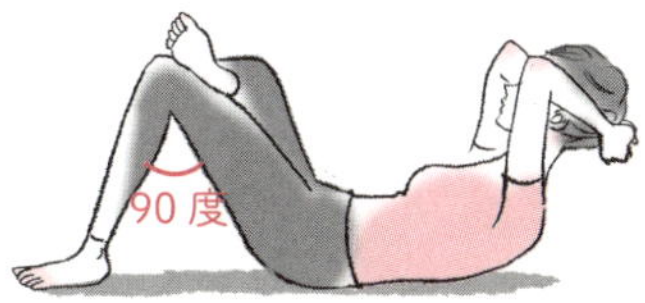

1. あお向けに寝転がり、膝は90度に曲げて、右足のくるぶしを左足の太もも（膝より）にのせ、右足は外側に開く。手は頭の後ろで組み、わきを軽く締める。

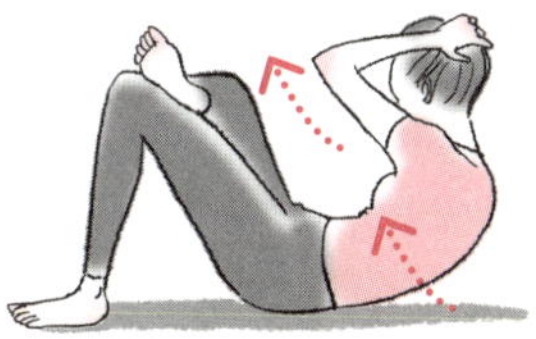

2. 息を吐きながら左の肩甲骨を浮かせて、左ひじを右膝に合わせるように寄せる。息を吸いながら元の状態に戻す。これを10回3セットを目安に行う。
3. 足をかえ、反対側も同じように10回3セットを目安に行う。

2 バックエクステンション

後ろ全体を効果的に鍛えます。腰、お尻、背中に力が入っているか意識して行いましょう。

1. 床にうつ伏せなって寝転がり、手は頭上にまっすぐと伸ばす。
2. 腹筋、腰に力を入れて両手、両足を床から少し浮かせる。

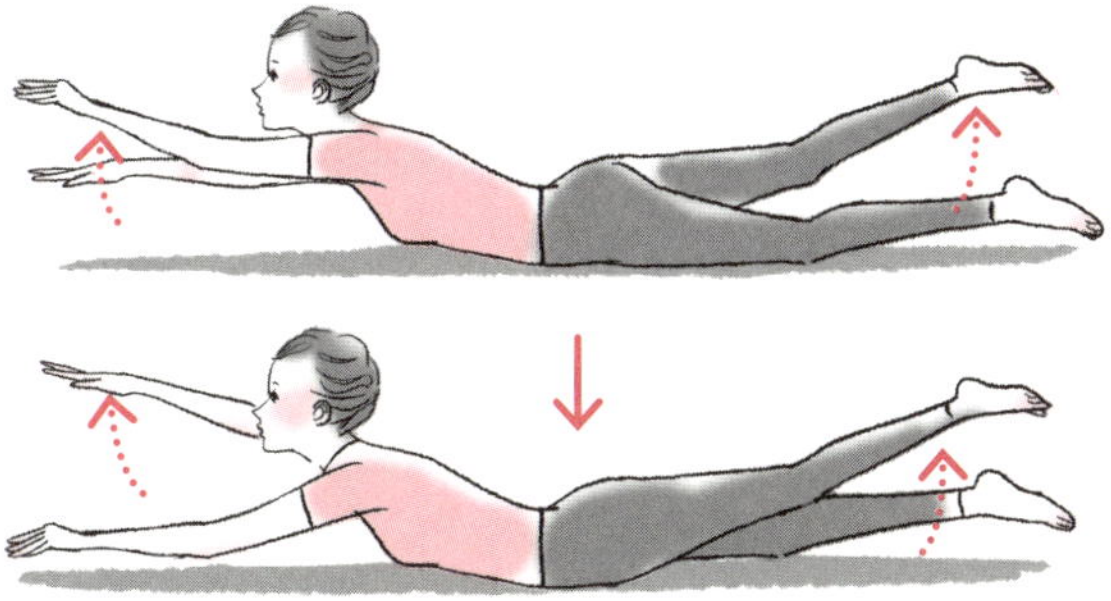

3. そのまま右手と左足、左手と右足のように左右対局にくる手足を同時に持ち上げる。手足を上げたときにフッフッフッフッと息を吐きながらリズムよく動かす。両手両足とも床につけないで続けるのが大切。左右交互に20回3セットを目安に行う。

ししゃも足をシェイプしよう

RIZAP
POINT!

鍛えるのは腓《ひ》腹《ふく》筋。

カーフレイズで

冷え性も改善できます。

カーフレイズ

バランスが取れれば手をつかなくてもOK。信号待ちなど隙間時間に手軽に取り入れて。

1. 壁に両手をつき、足は肩幅と同じ程度に開いて立つ。

2. 背筋を伸ばし、つま先立ちになり上げたまま2～3秒キープする。

3. ゆっくりと1に戻すが、かかとは床につけず紙1枚が床とかかとの間にあるようなイメージで浮かせたまま、2の動きへ。15回2～3セットを目安に行う。

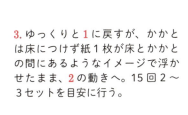

美尻を手に入れよう

RIZAP POINT!

鍛えるのは大殿《だいでん》筋。

①ヒップリフト

②バックキック

がヒップアップに効果的です。

1 ヒップリフト

太ももの内側も効率良く鍛えることができます。

1. あお向けに寝転がり、足は腰幅に開き、膝を曲げて膝の下にかかとがくるようにする。手はお尻の横に置く。

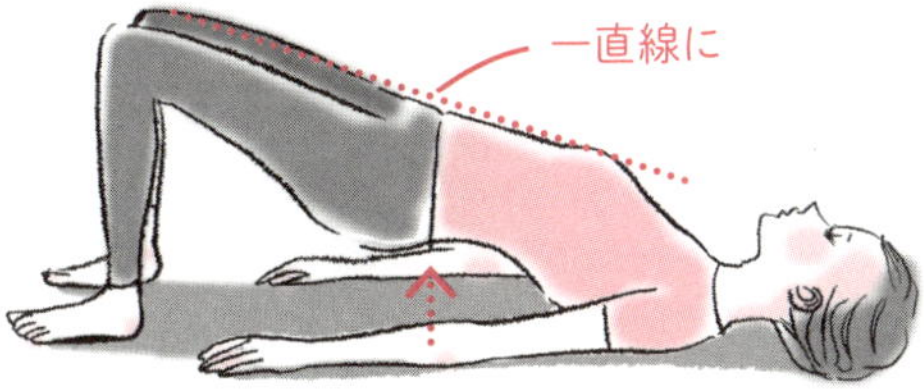

2. 膝、おへそ、あごまでがすべて一直線になるようにお尻を持ち上げる。お尻の下のほうを意識しながら 30 秒キープする。30 秒キープを 2 セット、または 1 分キープを 1 セットでもOK。膝にペットボトルを挟んで行うのも効果的。

2 バックキック

お尻の下（付け根）やももの裏の筋肉にも効きます。

1. 床に四つん這いになり、手と足は肩幅に開く。手は肩の下、膝は股関節の下にくるようにする。

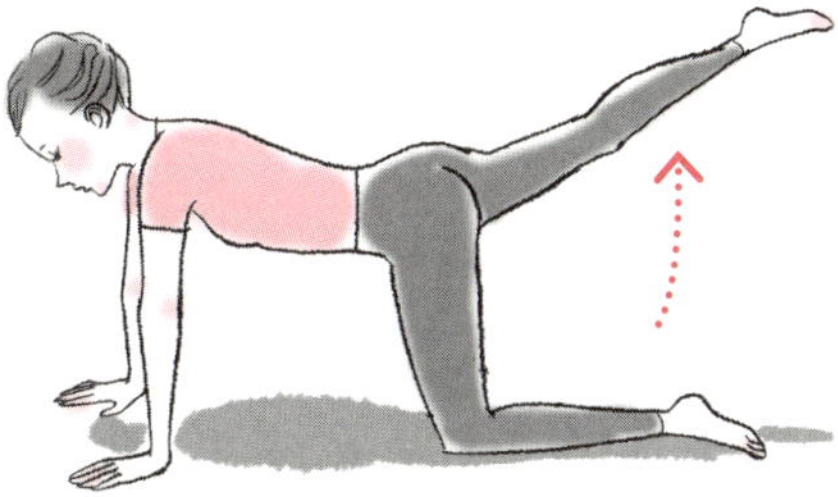

2. 1. の姿勢から片方の足を後ろに蹴り上げる。お尻の下（つけ根）に力が入っているか意識しながら、左右交互に 10 ～ 15 回 3 セットを目安に行う。

下半身をスッキリさせよう

RIZAP POINT!

鍛えるのは腸腰《ちょうよう》筋。
リンパの流れを良くして
老廃物を排出。
下半身やせへの近道を
手に入れましょう。

スッキリすると
心も軽い！

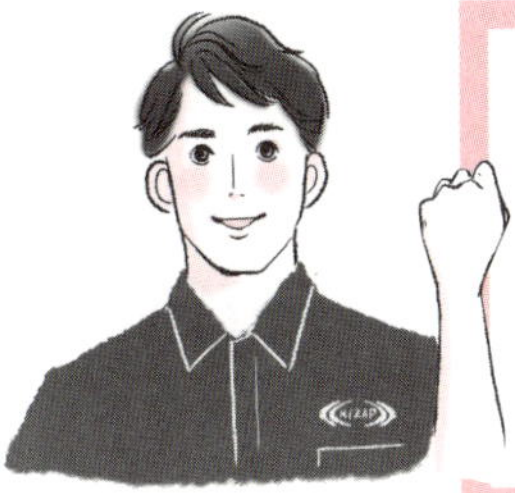

リンパってなに？

体内には全身を流れる血管に沿って、栄養や老廃物を流すリンパ管があります。このリンパが滞っていると、下半身がやせない、太りやすいなどの原因になることが。**リンパの流れを良くして老廃物を排出することは、下半身やせのポイントになります。**

下半身を引き締めるトレーニング

お風呂上がりなど、体が温まっているときに行うと効果的。

1. うつ伏せに寝て片足を横に出す。両手で床を押して背筋を伸ばし、上体を起こしていく。

2. 伸びている方の足に体重をかけながら、起こせるところまで上体を起こす。
3. 2の状態のまま深く呼吸をして10秒キープ。左右各5回を目安に行う。

ライザップ
体験記①

私はこうして キレイで健康な体を 手に入れました!!

「最後のダイエット」と 決めてスタート！ 苦と思わず、楽しみを 見つけるのが長続きのコツ

有山里沙トレーナー
田中 喜美江 さん（53歳）

54.4kg ← 75.0kg		体重
21% ← 40.4%		体脂肪率

約7カ月で
体重 − 20.6kg
体脂肪率 − 19.4%

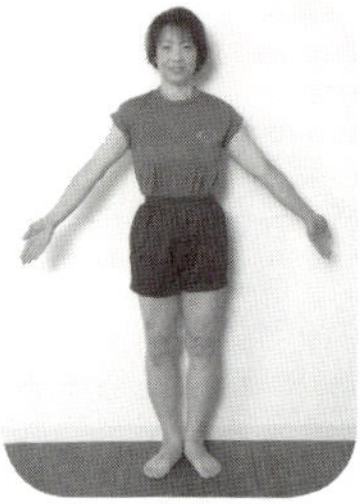

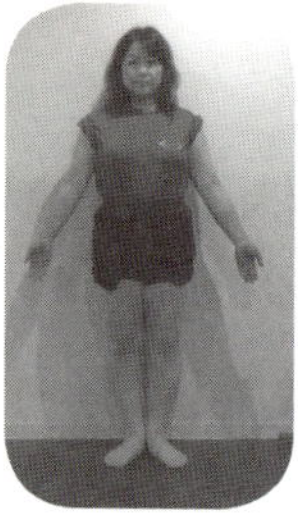

いろいろなダイエットの末に……

ずっとぽっちゃり体型で、いろいろなダイエットを試しましたが、どれもやせられませんでした。お金をかけることに少し抵抗はありましたが、年齢的にも最後のダイエット！と心に決めて16回コースを選択。

心配だったのは、週2回通い続けられるか、効果が出せるのかということと、夫に内緒で入会したことでした。1か月で5kg程やせると、夫も体型が変わったことに気付いたので告白。最初はちょっと複雑そうでしたが、結局応援してくれるようになりました。実は、この取材の後押しをしてくれたのも夫です。

始めてみるとトレーニングは楽しく、低糖質食も苦になりませんでした。そして、2か月のコースを終了した時点でマイナス8・3kgの結果が得られたのです。

月2回のサポートを継続

現在は「ライフサポートプログラム」に登録。月2回、トレーナーによるカウンセリングを受けながら、トレーニングルームで自主トレを行っています。

長続きのコツはちょっとした楽しみを見つけること。毎日の食事の写真をトレーナーにメールで送ると、アドバイスをもらえるのですが、器や盛りつけを意識して、見た目を美しくするように心がけたり、また、パンが大好きなので、低糖質のおいしいパンを売っている店を探して買いに行く楽しみも増えました。現在、7か月でマイナス約20kgです。

ある日の食事。低糖質のパンならサンドイッチもおいしく食べられます！

ライザップ
体験記②

私はこうしてキレイで健康な体を手に入れました!!

脂肪もストレスもため込んでいた体が、停滞期も乗り越えられる、前向きな心と体に！

橋本麻央トレーナー
小松原 麻紀 さん（42歳）

体重	74.8kg →	58.5kg
体脂肪率	42.2% →	26.0%

約10カ月で
体重 －16.3kg
体脂肪率 －16.2%

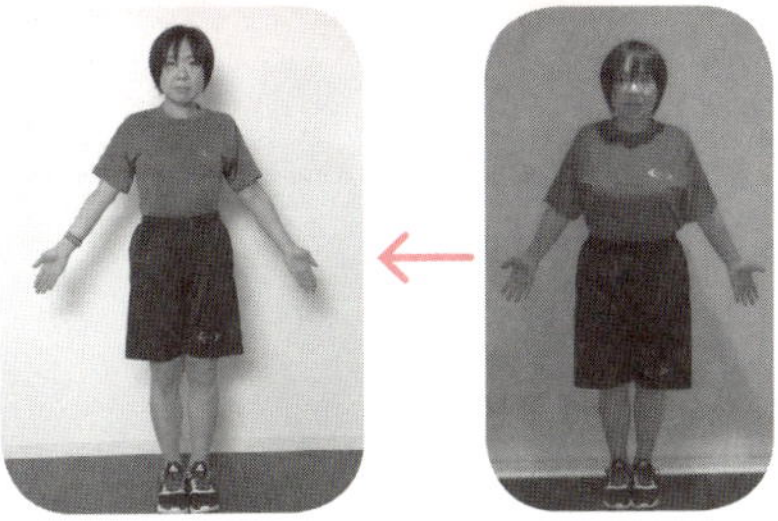

暴飲暴食で18kg増の体をかえる！

仕事やプライベートのストレスから暴飲暴食を重ねてしまい、半年間で18kgも太りました。体への負担を心配した母が、「ライザップへ行ってくれば？」と声をかけてくれたのが入会のきっかけです。週に2回のマンツーマントレーニングに加え、GW中は1日おきに自主トレに通うなど、最初はかなり飛ばしました。

もともと体を動かすのは好きだったのでストレス発散にも。お酒もスムーズにやめられました。低糖質食は1日に摂るタンパク質量の目安をつかむのに最初は苦戦しましたが、体重は順調に減り続け、4か月でマイナス14kgに！

停滞期は心をリフレッシュして脱出

その後、トレーニングも低糖質食もちゃんとやっているのに体重が動かず、トレーナーに励まされる日々が……。そう停滞期です。いろいろなストレスが重なり、気持ちがどんどんネガティブに。3か月ほど経ったあたりから体重が動き出したのですが、きっかけは、一番のストレスとなっていた環境を変えたことでした。そんなドン底といえる時期に「今、自分がやりたいことをやってみよう」と気持ちを前向きに切り替えることができたのはライザップに通い続けていたからです。ダイエットをしにきただけなのに、ライザップは私の内面にも良い影響があり、チャレンジ精神を旺盛にしてくれました。暴飲暴食をすることもなくなって、食べることも飲むことも楽しめるようになりました。これからも周りに翻弄されずに、トレーニングを続けていきたいです。

本書に関するお問い合わせ先
株式会社**日本文芸社**　03-3294-8931［営業］　03-3294-8920［編集］

カバー・本文デザイン／工藤典子
イラスト／さかちさと
編集・文／秋元 薫
写真／内田祐介
レシピ協力／新谷友里江
取材協力／柳井美穂（RIZAP株式会社）
制作協力／朝比奈優起（RIZAP株式会社）
校正／夢の本棚社
編集／株式会社童夢

大人《おとな》女子《じょし》のカラダにライザップ
2018年3月20日　第1刷発行

監修者　RIZAP株式会社
発行者　中村　誠
印刷所　株式会社光邦
製本所　株式会社光邦
発行所　株式会社日本文芸社
〒101-8407　東京都千代田区神田神保町1-7
TEL 03-3294-8931[営業]　03-3294-8920[編集]

Printed in Japan　112180301－112180301 Ⓝ 01
ISBN978－4－537－21561－8
URL　https://www.nihonbungeisha.co.jp/

（編集担当：河合）